民族文字出版专项资金资助项目

布依族摩经典籍译注系列

朝然经

贵州省民族古籍整理办公室　编

王登富　郭德宏　译注

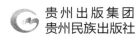

贵州出版集团
贵州民族出版社

图书在版编目（CIP）数据

朝然经：布依文、汉文对照 / 贵州省民族古籍整理
办公室编；王登富，郭德宏译注 . — 贵阳：贵州民族
出版社，2024.6
（布依族摩经典籍译注系列）
ISBN 978-7-5412-2882-7

Ⅰ.①朝… Ⅱ.①贵… ②王… ③郭… Ⅲ.①布依族
—原始宗教—经文—贵州—布、汉 Ⅳ.① B933

中国国家版本馆 CIP 数据核字 (2024) 第 091866 号

布依族摩经典籍译注系列

朝然经
CHAORANJING
贵州省民族古籍整理办公室 编 王登富 郭德宏 译注

出版发行：贵州民族出版社
地　　址：贵阳市观山湖区会展东路贵州出版集团 18 楼
邮　　编：550081
印　　刷：浙江海虹彩色印务有限公司
开　　本：787 mm × 1092 mm　1/16
字　　数：180 千字
印　　张：12.5
版　　次：2024 年 6 月第 1 版
印　　次：2024 年 6 月第 1 次
书　　号：ISBN 978-7-5412-2882-7
定　　价：88.00 元

贵州省铸牢中华民族共同体意识古籍整理出版书系

"贵州省铸牢中华民族共同体意识古籍整理出版书系"（以下简称"书系"）是贵州省民族宗教事务委员会按照国家民族事务委员会在"十四五"期间统筹规划重点出版项目部署工作要求，结合贵州省实际，所确定的在"十四五"期间规划实施的一项重要的古籍整理出版工程。此项工程的实施，对于贵州省铸牢中华民族共同体意识、促进各民族交往交流交融、构建各民族共有精神家园、推进民族团结进步事业具有重大的现实意义和深远的历史意义。

贵州是多民族聚居的省份，是百濮、百越、苗瑶、氐羌、汉民族五大族系汇聚之地。两千多年前，这里孕育了夜郎文化。从秦汉开始，历代王朝不断开发经营"西南夷"周边各地，各族群从四面八方向地广人稀的贵州山区流动，逐渐在贵州定居，形成了"大分散，小聚居"的分布特点。汉、苗、布依、侗、土家、彝、水、仡佬等18个世居民族在长期的历史发展进程中，不断交往、交流、交融，手足相亲，守望相助，共建家园，创造和积累了丰富多彩的历史文化，留下了卷帙浩繁的文献典籍和丰富多彩的口传古籍。据不完全统计，截止到2021年底，全省共搜集了苗族、布依族、侗族、土家族、彝族、仡佬族、水族、回族等少数民族的古籍资料50 000余册，其中包括若干孤本、珍本和善本。另有144部贵州少数民族古籍入选《国家珍贵古籍名录》。这些古籍从不同的角度记录了各民族的社会进程、历史走向和文化内涵，从不同侧面反映了各民族的文明成果、文化传承和气质风貌，是中华文化区域传承的历史记忆，是中华民族智慧与创造力的结晶，是我国多元一体的历史格局真实映射的重要区域例证。近年来，在广大少数民族古籍工作者的共同努力下，贵州少数民族古籍抢救、保护、搜集、整理、研究工作取得了重要进展，具备了打造"书系"的文本基础。

编纂出版"书系"，旨在坚持以习近平新时代中国特色社会主义思想为指导，深入学习贯彻习近平总书记关于加强和改进民族工作的重要思想、关于传承和弘扬中华优秀传统文化的重要论述、关于做好古籍工作的重要指示精神，以铸牢中华民族共同体意识为主线，坚持正确的中华民族历史观，坚持中华文化立场，以社会主义核心价值观为引领，推动各民族文化的保护传承和创新发展，增强各族群众对中华文化的认同，彰显"中华民族一家亲，同心共筑中国梦"的时代风貌，不断夯实铸牢中华民族共同体意识的贵州根基。

编纂出版"书系"，是围绕中华民族共同体基础理论和中华民族史研究，打造重点出版项目，扎实推进贵州省建设铸牢中华民族共同体意识模范省的一项重要举措。2022 年 4 月中共中央办公厅 国务院办公厅印发的《关于推进新时代古籍工作的意见》中提出"推进古籍文献通代断代集成性整理出版，推动少数民族文字古籍文献整理研究和译介出版。深化古籍整理基础理论研究，总结在长期实践中形成的古籍整理理论和方法，完善我国古籍整理研究和出版范式，构建古籍整理出版理论研究体系"。贵州省民族宗教事务委员会印发的《贵州少数民族古籍工作"十四五"规划》中强调"提高少数民族古籍图书出版精品意识，围绕铸牢中华民族共同体意识古籍整理出版书系项目，整理出版一批蕴含铸牢中华民族共同体意识思想内涵的古籍精品图书"。根据中央精神和《贵州省少数民族古籍工作"十四五"规划》要求，贵州省民族宗教事务委员会将组织协调全省少数民族古籍工作队伍，重点搜集整理记载我省各民族共同开拓辽阔疆域、共同书写悠久历史、共同创造灿烂文化、共同培育伟大民族精神，体现休戚与共、荣辱与共、生死与共、命运与共的交往交流交融的少数民族古籍资料，以原本影印、翻译校注和阐释研究等形式整理编纂出版"书系"，形成贵州省建设铸牢中华民族共同体意识模范省古籍史料体系。

"十四五"期间，贵州省民族宗教事务委员会将加强与各出版社、高校及科研院所合作，共同推进"书系"精品图书出版工作。把贵州的民族古籍瑰宝保护好、传承好、发展好，为赓续中华文脉、弘扬民族精神、增强国家文化软实力、建设社会主义现代化强国、实现中华民族伟大复兴做出应有的贡献。

贵州省民族古籍整理办公室

2022 年 5 月

总序

序

周国茂

　　摩经是布依族传统信仰仪式上演唱的经典。摩经卷帙浩繁，内容丰富，是布依族重要的非物质文化遗产，是研究布依族历史文化的珍贵文献。摩文化典籍包括摩信仰崇拜仪式上吟诵的摩经和用来选择吉祥日期、吉祥方位等的书籍（即择吉书）。截至目前，在贵州、云南和四川布依族三个土语区中，都发现有摩文化典籍，其中以摩经数量最为丰富。

　　摩经曾经历了漫长的口耳相传历史时期。大约从唐宋时期开始，部分掌握了汉字的祭司布摩以汉字作为记音符号，并借用汉字偏旁部首，按六书造字法创制方块文字符号，加上部分抽象符号，形成布依族方块古文字体系，用来记录摩经。摩经的传承方式由原来单一的口耳相传变成口耳相传与书籍文献相传并行的形式。到明清时期，由于汉语学校在布依族地区普遍开设，懂汉语识汉文的布依族人大量增加，用方块布依古文字记录摩经成为一种更加普遍的现象。

　　尽管摩经的出现已经具有悠久的历史，摩经成为用文字记录的典籍文献也有一千多年历史，但长期以来，外界对摩经的"庐山真面目"一直无从知晓。20世纪初开始，国内外民族学家、人类学家以及传教士就开始进入布依族地区，开展调查研究。大夏大学吴泽霖和陈国钧在对贵州布依族丧葬习俗的调查过程中，发现布依族民间存在用"汉字"记录本民族宗教"术语咒诀""录成经典，转相传授"的现象，但没有对其内容进行研究。进入云南丽江的外国传教士除了搜集到纳西族古文字外，还在布依族村寨发现布依族古文字典籍，并将其与纳西族古文字一起带到了美国，原件现存于美国哈佛大学博物馆。中华人民共和国成立后，于1956年开始对包括布依族在内的少数民族开展社会历史调查，在对布依族的调查中，调查对象包括了布依族摩经等方面的古文字典籍文献。但由于受"左"的思想影响，这类典籍文献被视为封建迷信，在翻译整理过程中大多刻意抹去其宗教信仰痕迹，将其作为民间文学直接翻译为汉语文本。

党的十一届三中全会胜利召开后，布依族古文字典籍文献的搜集、翻译和整理工作重新开始。中国民间文艺研究会贵州分会、贵州省民族研究所和各市、州、县（区）民族工作部门和文化工作部门组织民族工作者和文化工作者开展了对布依族古文字典籍文献的搜集、翻译和整理，一些文化工作者和布依学研究人员也进行了这方面的调查、搜集、翻译和整理工作。从20世纪80年代初开始，贵州省布依族聚居的各县（市）有关机构便着手对布依族摩经文献古籍的发掘和抢救，翻译整理并陆续出版了一批摩经。但是，与分布广泛、卷帙浩繁的摩经数量相比，已经整理出版的摩经只是其中的一小部分。贵州民族出版社推出的这套"布依族摩经典籍"系列意义重大，为民族非物质文化遗产的保护和传承搭建了一个平台，为贵州的文化建设做出了积极贡献，功莫大焉！

摩经可分为两大类，一类是用于丧葬超度仪式的经文，称为"殡亡经"，也译为"殡王经""殡凡经""古谢经""砍牛经"等；另一类是用于祈福、驱邪、禳灾仪式的经文，称为"邦经"或"解绑经"。其中，用于丧葬超度仪式的经文又可分为超度正常死亡者的经文和超度非正常死亡者的经文。每一类经典中都包含若干经文篇目，篇目数量和名称虽各地不尽相同，但经文内容大同小异，反映了布依族摩经的传承性与变异性。

摩经是以韵文体形式呈现的，主要为五言体，兼有七言体和杂言体。可以说，摩经是布依族传统民歌的集萃。从内容看，摩经包含了自远古至近现代各个时代的作品。根据宗教史研究成果，人类宗教的发生可以追溯到旧石器时代中晚期。这也就是说，摩经中的作品最早可以追溯到旧石器时代，或者宽泛一点说，叫作远古时代。那些直呼神灵名称，发出祈求或驱逐命令的祈祷词和咒语，那些反映射日、洪水泛滥以及万物起源等内容的神话或史诗，那些反映王权争夺的史诗，那些古老传说，都是比较久远的时代遗留下来的作品。其他的经卷则是相对后起的作品。每个经卷作品的断代，要根据其内容等要素综合进行。

摩经由不同时代不同性质的作品组成，积淀了各个时代丰富的历史文化信息，是"百科全书"式的珍贵文献，具有多方面的重要价值。

第一是文学方面的价值。摩经是典范的布依族韵文体作品，主要为五言句式，间有七言、杂言句式；作品大多来自民间文学，部分为布摩创作，包括了神话、传说、故事、祈祷词等。表达方式有抒情，有叙事。音韵铿锵，想象大胆、丰富，叙事作品在写景、刻画人物形象等方面均有可圈可点之处。

第二是哲学、宗教等方面的价值。摩经中的作品包括了神话和远古传说，其中还有祈祷词和布摩为传达信仰崇拜等观念编创的作品，反映了布依族先民对宇宙万物和纷繁世界的认识和理解，反映了布依族的宇宙观和世界观，对研究布依族的哲学和宗教观念具有重要意义。由于摩经中反映出了佛、道二教的因素，因此也是研究布依族与汉族乃至印度佛教文化交流的重要资料。

第三是历史学价值。摩经收录了各个时代布依族民间文学作品，虽然没有明确的时间界限，但它积淀了不同历史时期的事件、生产状况、社会生活状况和民俗文化事象，结合其他历史文献和考古发掘材料，我们可以从中发现很多珍贵资料，复原布依族历史和文化。

第四是道德伦理观念的研究价值。摩经中反映了布依族社会成员之间相处、互动的基本规范，尤其是子女对父母、父母对子女、夫妻之间、女婿与岳父母之间、姑家与舅家等的行为准则，都是弥足珍贵的。

第五是语言文字学研究价值。摩经记录了古代布依语，对于研究布依语

序

语音、词汇和语法的变化等具有重要意义。同时，摩经借用汉字，主要用借音、部分借义方式，并按照汉字六书造字法，利用汉字偏旁部首新创，形成记录"殡亡经"的一套文字体系，对研究布依族古文字有重要意义。

此外，摩经中有大量关于不同民族的记载，因此，摩经也是研究布依族与其周边民族之间的关系和文化交流传播、研究布依族天文历法等的重要资料。

可以说，摩经是布依族百科全书式的珍贵资料，对研究布依族历史文化乃至百越、西南民族历史文化等均具有重要参考价值。

由于各方面的原因，本丛书搜集和翻译整理采取"各自为政"的方式进行，这使得各个翻译整理本在体例、翻译整理风格和质量、水平等方面都不尽相同。尽管存在这样那样的问题和遗憾，但在摩经卷帙浩繁而经费、翻译整理队伍严重不足以及很多作品得不到及时搜集、翻译和整理进而使得摩经面临失传的情况下，把其中重要的作品抢救性地翻译出版，让更多的人认识和了解其"庐山真面目"，为进一步全面搜集和翻译整理做了最好的基础性工作，其价值和意义不可估量。

2023 年 11 月 1 日

注：作者系贵阳学院教授、贵州省布依学会副会长

前　言

本书在译注过程中，以马克思主义唯物史观为指导，运用民族学、语言学、文字学、哲学等知识进行译注，取其精华，去其糟粕，旨在挖掘布依族摩经文献的文化内涵及揭开布依族摩经文献的神秘面纱，让读者进一步了解、识读、研究布依族的摩经文献文化。

布依族的摩经文献很多，各地都有不少，根据调研估计，在布依族地区应有上万册。但从中华人民共和国成立至今，已出版的摩经文献并不多。较早一点出版的有流传于贵阳市花溪区的《牛经书》、流传于安顺市西秀区的《超荐经》、镇宁布依族苗族自治县的《古谢经》等。近年来出版了《砍牛经》《添粮补寿经》《摩且经》《嘱咐经》《完独浪补略经》《帽吴经》《故养经》等。这些摩经文献，从不同的角度反映了布依族的历史、语言、民俗、哲学、思维方式、价值观等，具有多方面的文化价值、研究价值和收藏价值。

《朝然经》属于摩经文献中的"大摩经"，主要流传于贵州省贵阳市花溪区溪北办事处麦翁布依古寨一带。"朝然"是布依语，即"建家"，喻指每一个人都要建立和睦美满、幸福的家庭。同时，在祭祀仪式上念诵此文献，是对后人寄予厚望，希望前辈保佑后辈平平安安、身体健康、发财富贵等。《朝然经》由几部短摩经组成，包括"朝然经"（即"建家经"）、"墓告经"（即"首经"或"头经"）和"墓当经"（即"嘱咐经"）等。

本书在译注过程中，采用布依族摩经文献原经文、布依文、汉文直译与意译对照的形式。在译注过程中，按照出版规范要求作了如下处理：1. 一些段落、句子，不适合翻译出来，故作了删除处理。因此，译文与原经文有一定的出入。2. 在译注过程中，一些词汇为保持地方原貌未作规范处理，在土语词的后面上标星号（＊）作标示。3. 在原经文中，有用"海""送"表示"给""给予"词义、用"倒""刀"表示"回""转回"词义、用"厘""利"表示"这里""这"词义等的，这种情况较多，书中未作统一处理。4. 由于原经文使用者用繁体字记录布依语语音，书中根据出版要求，全部改为简体字。5. 在个别难以理解的地名、人名或词汇、句子、段落等加上了注释，帮助读者理解其中的意思。6. 个别词汇在句子中仅起搭配作用，没有实际意义，故用"助"表示其为助词。

译注者

2023 年 7 月 8 日

目　录

MOL ZAAUX* RAANZ / 朝然 ① 经

第一段经文：

贯　未　造　桩　文　前　只 ②
Goons fih xaaux guans*wenz* ndux gal，
从前　未　造　　树桩　古代　脚

未　造　桩　文　杂　哥　柜
Fih xaaux guans*wenz* zaz* gueh rengc*.
未　造　　树桩　丛　做　碗柜

未　造　柜　两　层
Fih xaaux rengc* soongl zangx*，
未　造　碗柜　两　层

未　造　都　两　边
Fih xaaux dul soongl baaih.
未　造　门　两　边

　娘　花　会　去　都
Nyangz* ndaais* rox bail buz*，
　花蚊　　会　去　叮咬

　娘　写　会　去　爬
Nyangz* raaiz ⑥ rox bail raaih*.
　花斑蚊　　会　去　爬

从前未造古树桩做家具的脚 ③，

未造树木做碗柜。

未造两层的碗柜，

未造木门两边开。

花蚊 ④ 会去叮 ⑤ 食物，

花斑蚊会去爬 ⑦ 食物。

---

① "朝然"，布依语，意为"建家""成家立业"。

② 每组中，第一行为布依族摩经原经文，第二行为布依文，第三行为直译，右边一行为整句的意译。全书同。

③ 脚，指碗柜的脚。

④ 花蚊，即花蚊子，与下句的花斑蚊子相对应。

⑤ 叮，指蚊子叮咬碗柜里的食物。

⑥ raaiz，指花斑，这里指有多种花色混在一起的蚊子。上句的 ndaais* 即花（纹），指单一的花色。

⑦ 爬，指花斑蚊子在碗柜里的食物上爬行。

娘　花　　会　去　更
Nyangzndaais* rox bail genl，
　花蚊　　会　去　吃

花蚊会去吃食物，

　娘　写　会　去　都
Nyangzraaiz rox bail duh①.
　花斑蚊　会　去　站

花斑蚊会去食物上站。

　贯　养　造　养　利
Goons yiangh xaaux yiangh nyiadt*②，
从前　样　造　样　紧实

从前造的家具很紧实，

　贯　养　造　养　泥
Goons yiangh xaaux yiangh nyinz*.
从前　样　造　样　韧性

从前造的家具有韧性③。

未　造　桩　文　前　哥　只
Fih xaaux guans*wenz* ndux gueh gal，
未　造　树桩　古代　做　脚

未造古树桩做家具的脚，

未　造　桩　文　纸　哥　柜
Fih xaaux guans*wenz* sal gueh rengc*.
未　造　树桩　纸　做　碗柜

未造古树做碗柜。

未　造　柜　两　层
Fih xaaux rengc* soongl zangx*，
未　造　碗柜　两　层

未造两层的碗柜，

未　造　都　两　边
Fih xaaux dul soongl baaih.
未　造　门　两　边

未造木门两边开。

---

①duh*，站。指某种动物站在某种东西上，而不是站在地上。这里指蚊子站在人们要吃的米饭（或菜）上，经过蚊子站过的饭菜，是不卫生的，吃了会生病。Suangz* 也指站。Suangz* 一般指某种动物直接站在地面上，笔直地站着，这里使用 duh* 比使用 suangz* 更形象、更诗意。

②nyiadt*，多义词，有紧、紧实、标致、漂亮、（手工艺）好等义项。这里的 nyiadt* 指紧。在布依族地区，春节打粑粑是必行项目，每家都要打粑粑过年，也用粑粑来祭祀祖先。打粑粑时，一般都做成圆形的，圆形的粑粑有大有小，有多有少。不同大小的用途是不一样的。大的比较少，一般是拿来赠送给春节后来拜年的姑妈。中大的和小的，要做得多一些。主要是用于祭祀和自家食用。打粑粑是要用糯米与黏米掺和在一起，糯米比较贵，经济条件差一些的人家，打粑粑时就放糯米少一些，而经济条件好一点的人家，打粑粑时就放糯米多一些。放糯米多，粑粑就紧实、质量就好。所以，这里说的粑粑紧实，就说明主家重视祭祀、重视祖先。

③"韧性"，指"家具耐用"。

养　造　钱　浪　地
Yiangh xaaux xeenz langl rih,
才　造　钱　和　地　　　　后来才造钱和土地，

养　造　地　去　长
Yiangh xaaux rih bail raiz.
才　造　地　去　长　　　　才造一块一块的土地。

养　造　鸦　去　树
Yiangh xaaux al bail faix,
才　造　乌鸦　去　树　　　未造乌鸦树上站，

养　造　桩　文　前　哥　只
Yiangh xaaux guans*wenz* ndux gueh gal,
才　造　树桩　古代　做　脚　后来才造古树做柜脚，

养　造　桩　文　纸　哥　柜
Yiangh xaaux guans*wenz* sal gueh rengc*.
才　造　树桩　纸　做　碗柜　才造古树做碗柜。

养　造　柜　两　层
Yiangh xaaux rengc* soongl zangx*,
才　造　碗柜　两　层　　　未造两层的碗柜，

养　造　都　两　边
Yiangh xaaux dul soongl baaih.
才　造　门　两　边　　　　未造木门两边开。

养　造　块　几　念　几　那
Yiangh xaaux gaais jiz* nyadt* jiz* nal,
才　造　块　粑　紧实　粑　厚　未造厚块粑，

养　造　块　几　芝　几　晚
Yiangh xaaux gaais jiz* raz① jiz* wanx*.
才　造　块　粑　芝麻　粑　黑色　未造芝麻拌粑粑。

养　造　块　肉　比　独　一
Yiangh xaaux gaais noh bix* duezyiz*,
才　造　块　肉　如　大的　　未造斗大的肉块，

---

①raz，指芝麻，布依族地区方言土语叫"影子"。芝麻可食用，营养价值高。一般打粑粑时，布依族人都要把芝麻碎成更小的颗粒，用作吃粑粑的蘸料。因芝麻为黑色，经芝麻滚过的粑粑就变为黑色，故布依族人又把芝麻粑粑叫作黑粑粑。

养　造　块　几　如　独　有

Yiangh xaaux gaais jiz* saauh duezyoux*.

才　造　块　粑　如同　簸箕

未造簸箕大的粑块。

养　造　奥　上　桌

Yiangh xaaux aul saangl zoc*①,

才　造　拿　上　桌

未造食物放桌上，②

养　造　在　上　席

Yiangh xaaux xos saangl zuangz*.

才　造　在　桌　桌

未造食物放酒席上。

嘴　老人　你　高

Bas buxlaaux mengz saangl,

口　老人　你　高

你③老人的嘴刁④，

下巴　老人　你　圆

Haangz buxlaaux mengz genx*.

下颌　老人　你　圆

你老人的嘴挑。

　叫　近　报　亚　麻　更

Naail*⑤ jaic bausdaih* mal genl,

叫　近　祖宗　来　吃

叫祖宗来吃，⑥

喊　三　纠　报　代　刀　更

Yeeuh saaml xeeuh bausdaih* dauc genl.

喊　三　辈　祖宗　来　吃

喊三辈祖宗来吃。

更　不　待　更　空

Genl miz daic* genl ndoil,

吃　不　是　吃　空

吃不是白吃，

更　了　报　务　三　纠　儿孙

Genl leeux baauc*wus* saaml xeeuh leglaanl,

吃　了　保佑　三　辈　儿孙

吃了要保佑子孙，

---

①zoc*，是"桌子"一词的变调。

②"未造食物放桌上"，指未兴把做好的食物（指饭、菜）放在桌子上。下句意思相同。

③"你"，这里指刚去世的老人。

④"嘴刁"及其下句的"嘴挑"，指祖宗、祖先对后人用于祭祀的食物、食品要求高，一般需用猪头、公鸡、腊肉等祭祀。

⑤naail*，形容词，指低声地、不停地叫唤（祖先）。

⑥这句及以下几句，意指祭祀祖先。下同。

报　务　三　边　亚　四　边　累
Baauc*wus*saaml baaih yagt* sis baaih leix*.
保佑　　三　边　客　四　边　戚

吃了要保佑亲戚。

了　火　哥　发　前　发　根
Liaux*hox* gueh wac* xeenz wac* wag*,
大家　　做　发　钱　发　贵

要保佑大家发财，

达　希　哥　里　钱　里　更
Dal*siz* gueh lix xeenz lix genl.
大家　　做　有　钱　有　吃

要保佑大家富贵。

贯　养　造　养　利
Goons yiangh xaaux yiangh nyadt*,
从前　样　造　样　紧实

从前造的家具很紧实，

贯　养　造　养　泥
Goons yiangh xaaux yiangh nyinz*.
从前　样　造　样　韧性

从前造的家具有韧性。

养　造　块　几　重　几　那
Yiangh xaaux gaais jiz* nagt jiz* nal,
才　造　块　粑　重　粑　厚

才造厚重的粑粑，

养　造　块　几　芝　几　晚
Yiangh xaaux gaais jiz* raz jiz* wanx*.
才　造　块　粑　芝麻　粑　黑色

才造黑色的芝麻块粑粑。

养　造　块　肉　比　独　一
Yiangh xaaux gaais noh bix* duezyiz*,
才　造　块　肉　如　斗

才造猪肉块有斗大，

养　造　块　几　如　独　有
Yiangh xaaux gaais jiz* raauh duezyoux*.
才　造　块　粑　如同　簸箕

才造粑块如簸箕一样大。

养　造　哥　老　烧
Yiangh xaaux gueh laucbaul,
才　造　做　烧酒

才造好烧酒，

养　造　磨　老　当
Yiangh xaaux moc laucndangs*,
才　造　罐　醇酒

才造醇美酒，

养　造　磨　老　央
Yiangh xaaux moc laucnyaml*,
　才　造　罐　酿酒　　　　　　　　　　　　　才造罐酿酒，

央　造　磨　老　旧
Yiangh xaaux moc laucgaus.
　才　造　罐　陈酒　　　　　　　　　　　　　才造陈年酒。

老　你　腊　衣　仍
Lauc nix zaad* riz*rengz*,
　酒　这　辣　得　很　　　　　　　　　　　　这就是好酒，

老　你　万　甜　很
Lauc nix waanl diangz duenx*.
　酒　这　香　甜　极甜　　　　　　　　　　　这酒是甜酒。

老　你　打　纠　森
Lauc nix degt* xeeuh nduangl*,
　酒　这　招待　辈　亲家　　　　　　　　　　好酒待亲族，

老　你　拢　　比农
Lauc nix ruaml* bixnuangx.
　酒　这　聚拢　弟兄　　　　　　　　　　　　醇酒拢兄弟。

嘴　老人　你　高
Bas buxlaaux mengz saangl,
　嘴　老人　你　高　　　　　　　　　　　　　你①老人的嘴刁，

下巴　老人　你　埂
Haanz buxlaaux mengz gamx*.
　下颌　老人　你　刁　　　　　　　　　　　　你老人的嘴会吃。

信　门　老人　麻　更
Sens* mengz buxlaaux mal genl,
　请　你　老人　来　吃　　　　　　　　　　　请你老人来吃，

更　不　代　更　空
Genl miz daic* genl ndoil②,
　吃　不　是　吃　白　　　　　　　　　　　　吃不是白吃，

---

① "你"，指祖宗、祖先。下句同。

② ndoil，指白、空、空白。Genl ndoil 指白吃（白白的吃，不付酬的吃）。

更　了　报　务　里　然　利
Genl leeux baauc*wus* ndaelraanz ndil,
　吃　完　　保佑　　家里　好

吃了要保佑家里好，

　报　务　里　然　发
Baauc*wus* ndaelraanz fac*.
　保佑　　家里　发

要保佑家里发财。

　报　务　三　边　亚　四　边　累
Baauc*wus* saaml baaih yagt* sis baaih leix*,
　保佑　　三　边　亲　四　边　戚

要保佑四面八方的亲戚顺利，

　文　文　哥　发　钱　发　根
Wenz wenz gueh wac*xeenz wac*raag*.
　人　人　做　发财　　发达

要保佑人人发财富贵。

　子　孙　发　达
Leg laanl wac*wag*,
　儿　孙　富贵

要保佑子孙发达，

　发　富　发　贵
Wac* wuh* wac*waag*.
　发　富　发钱

要保佑子孙发富发贵。

　报　务　了　广　了　火
Baauc*wus* leeux guangs* leeux hox*,
　保佑　　大家　　大伙

保佑大家大伙，

　报　务　了　广　里　然
Baauc*wus* leeux guangs* ndael raanz.
　保佑　　大家　　里　家

保佑家里亲人。

百　事　大　吉
Bef siq daq jif,
百　事　大　吉

百事大吉，

　万　事　大　利
Wanq siq daq liq.
　万　事　大　利

万事大利。①

---

① 此句念完以后就念几句汉语：即保佑老人添福添寿，添子添孙，年年进财，子孙兴隆，千年大发，万年大旺。第一阶段完。

第二段经文：

　贯　养　造　养　利
Goons yiangh xaaux yiangh nyadt*,
从前　样　造　样　紧实

从前造的家具很紧实，

　贯　养　造　养　泥
Goons yiangh xaaux yiangh nyinz*.
从前　样　造　样　韧性

从前造的家具有韧性。

　未　造　平　浪　的
Fih xaaux beangz langl dih*,
未　造　地方　和　宇宙

未造世间和宇宙，

　未　造　鸦　去　树
Fih xaaux al bail faix,
未　造乌鸦去　树

未造树上的乌鸦，

　未　造　麻　套　　文
Fih xaaux ndaaix zuangc*① wenz,
未　造　麻　套　　人

未造人穿麻，

　未　造　文　穿　棉
Fih xaaux wenz danc waais,
未　造　人　穿　棉

未造人穿棉。

　贯　养　造　养　利
Goons yiangh xaaux yiangh nyadt*,
从前　样　造　样　紧实

从前造的家具很紧实，

　贯　养　造　养　泥
Goons yiangh xaaux yiangh nyinz*.
从前　样　造　样　韧性

从前造的实物有韧性。

　养　造　平　浪　的
Yiangh xaaux beangz langl dih*,
才　造　地方　和　宇宙

才造世间和宇宙，

　养　造　的　去　长
Yiangh xaaux dih* bail raiz*,
才　造　宇宙　去　长

才造宇宙远，

――――――――――――

①zuangc*，原义指重叠，这里指用多件衣服套在身上，即身穿多件衣服。

养　　造　鸦　去　树
Yiangh xaaux al bail faix,
　才　　造　乌鸦　去　树

才造树上的乌鸦，

养　　造　挑　代　容　　地　你　麻
Yiangh xaaux raabt dais rongh* rih nix mal,
　才　　造　挑　从　山冲　地　这　来

才造人从山冲挑担来，

养　　造　挑　代　东　那　　你　到
Yiangh xaaux raabt dais donghnaz nix dauc.
　才　　造　挑　从　田坝　　这　来

才造人从田坝挑担来。

养　　造　奥　上　桌
Yiangh xaaux aul saangl zoc*,
　才　　造　要　上　桌

才造桌上放祭礼，

养　　造　奥　在　那　摸
Yiangh xaaux aul xos nacmoh,
　才　　造　要　在　坟前

才造坟前来祭祀。

嘴　门　老人　高
Bas mengz buxlaaux saangl①,
嘴　你　老人　高

你老人的嘴刁，

下巴　门　老人　圆
Haangz mengz buxlaaux gamx*.
下颌　你　老人　圆

你老人的嘴会吃。

代　近　信　门　麻
Dais jaic sens mengz mal,
从　近　请　你　来

请你从近处来吃，

代　远　耐　门　到
Dais jail naail* mengz dauc.
从　远　邀　你　来

请你从远处来吃。

更　不　代　更　空
Genl miz daic* genl ndoil,
吃　不　是　吃　白〔吃〕

吃不是白吃，

———————————

①saangl，有高、上（面）之义，这里指高。

更　了　其　报　务　了　广　了　火
Genl leeux zez* baauc*wus* leeuxguangs* leeuxhox*，　吃了要保佑大家顺利，
吃　了　就　保佑　　大家　　大伙

报　务　三　　边　亚　四　边　累
Baauc*wus* saaml baaih yagt* sis baaih leix*①，　吃了要保佑三亲四戚顺利，
保佑　　三　边　客　四　边　戚

报　务　里　然　发　钱　发　根
Baauc*wus* ndaelraanz wac*xeenz wac*raag*，　要保佑家里发财发富，
保佑　　家里　　发财　　发达

报　务　亚　累　发　钱　发　根
Baauc*wus* yagt*leix* wac*xeenz wac*raag*.　要保佑亲戚发财发富。
保佑　　亲戚　　发财　　发达

贯　养　造　养　利
Goons yiangh xaaux yiangh nyadt*，　从前造的家具很紧实，
从前　样　造　样　紧实

贯　养　造　养　泥
Goons yiangh xaaux yiangh nyinz*.　从前造的实物有韧性。
从前　样　造　样　韧性

未　造　平　浪　的
Fih xaaux beangz langl dih*，　　未造世间和宇宙，
未　造　地方　和宇宙

未　造　地　去　铁
Fih xaaux rih bail waz*②，　　未造人做活，
未　造　地　去　亮光

未　造　鱼　去　河
Fih xaaux byal bail dah，　　未造鱼下河，
未　造　鱼　去　河

未　造　筒　老　烧
Fih xaaux mbox* laucbaul*，　　未造筒来装烧酒③，
未　造　筒　烧酒

①yagt*leix*，指亲戚、客人。yagt*，客；leix*，戚。

②waz*，指亮光。这句的意思是未造天，人们在没有光亮的环境中下地干活。

③筒来装烧酒，即用竹筒来装烧酒。

未　造　槽　　老　当
Fih xaaux zaauz* laucndangs*.
未　造　槽　　醇酒
未造槽来装醇酒。

未　造　老　七　月
Fih xaaux lauc xadtnguad，
未　造　酒　七　月
未造七月的酒①，

未　造　老　九　月
Fih xaaux lauc gucnguad.
未　造　酒　九　月
未造九月的酒。

未　造　挑　代　望　　波　麻
Fih xaaux raabt dais wuangc* bol mal，
未　造　挑　从　　山冲　来
未兴人从山冲挑担来，

未　造　挑　代　若　打　到
Fih xaaux raabt dais ros*dah dauc.
未　造　挑　从　河边　来
未兴人从河边挑担来。

未　造　奥　在　桌
Fih xaaux aul xos zoc*，
未　造　要　在　桌
未兴桌上摆祭礼，

未　造　在　上　桌
Fih xaaux zos* saangl zuangz*.
未　造　在　上　　桌
未兴桌上摆祭品。

信　门　老人　更
Sens* mengz buxlaaux genl，
请　你　老人　吃
请你老人来吃，

更　其　报　务　儿　浪　孙
Genl zez* baauc*wus* leg langl laanl，
吃　就　保佑　儿　和　孙
吃就保佑子孙顺利，

报　务　三　边　亚　浪　四　边　累
Baauc*wus*saaml baaih yagt* langl sis baaih leix*，保佑三亲四戚顺利，
保佑　三　面　客　和　四　面　戚

---

① 七月的酒及下句的九月的酒，指醇酒、好酒。在布依族地区，七月是新稻谷将收之时，也是上一年的粮食即将吃完之时，一般不用粮食烤酒。一旦在七月、九月用粮食烤酒，即表示这时的酒是醇酒、好酒。

报　务　补腊　出外　哥　望
Baauc*wus* buxlal* os roh gueh hongl.
　保佑　年轻人　出外　做　活

外出干活顺利。
保佑年轻人外出干活顺利。

去　外　像　射　箭
Bail roh lumc degt*naagt,
去　外　像　射箭

外出像射箭一样快，

转　然　像　一　风
Daaus raanz lumc ras rumz.
转回　家　像　阵风

回家像一阵风那样快。

找　钱　哥　嘴　哥　鼻
Ral xeenz gueh bas gueh ndangl,
找　钱　做　嘴　做　鼻

保佑家人体面地找钱，

找　钱　哥　路　哥　串
Ral xeenz guehronl guehndaangh*.
找　钱　一同　一路

保佑家人一路上找钱。

报　务　文　文　喂猪　其　大
Baauc*wus* wenz wenz geal mul zez* nugt*,
　保佑　人　人　喂猪　就　大

保佑人人喂猪猪就大，

喂　鸡　鸡　其　多
Geal gais gais zez* laail,
喂　鸡　鸡　就　多

喂鸡鸡就多，

喂　牛　牛　其　凶
Geal waaiz waaiz zez* ngoh*①.
喂　牛　牛　就　壮

喂牛牛就壮。

报　务　小孩　找　钱　多　多
Baauc*wus* lengh*naih* sauc* xeenz laail laail,
　保佑　小孩　找　钱　多　多

保佑子孙多多找钱，

报　务　补　哥　米　落秧
Baauc*wus* bux guehmeeuz duagt*jac②.
保佑　人　庄稼　撒秧种

保佑庄稼人的秧苗长得快。

---

①ngoh*，指壮、凶狠、力大等。

②duagt*，原义指落，与 jac 组合后，指撒秧种。在布依族地区，每年的四月前后，要将稻谷种用水浸泡，使稻谷种发芽，待芽长到约寸许，然后将稻谷种撒在已经平整好的水田里。撒秧种，布依语就叫 duagt*jac。

落　　上　石　其　长
Dagt* saangl rinl zez* mac,
　撒　　上　石　就　生长

保佑庄稼人的秧苗撒在
　石上也生长,

落　　上　泥　长　青
Dagt* saangl naamh dauc yeeul,
　撒　　上　泥土　生长　青

保佑庄稼人的秧苗撒在土里
能长青,

长　秧　直
Dauc yiangz jiauh*.
生长　样　笔直

保佑庄稼人的秧苗长得笔直。

条　样　绿
Jiaul* yiangz lux①,
线条　样　绿色

保佑庄稼人的谷穗绿,

长　满　那
Dauc riml naz,
生长　满　田

保佑庄稼人的谷长满田,

尖　满　地
Baail* riml rih.
梢　满　地

穗布满坝。

　娘　花　　不会　飞　去　更
Nyangz*ndaais* mizrox mbinl bail genl,
　花蚊　　　不会　飞　去　吃

花蚊不会飞去吃,

　娘　写　不会　去　更　干
Nyangz*raaiz mizrox bail genl gaans*.
　花斑蚊　不会　去　吃　秆

花斑蚊不会去吃秧秆。

更　去　干　会　长
Gaans* bail gaans* rox dauc②,
秆　去　秆　会　生长

秧秆坏了又会长,

①lux,多义词,指绿色、柳(树)等,这里指绿色。
②dauc,有来、生长、下(雨)等义,这里指生长。

时　　一　　长　十　两
Zeiz* ndeeul① mac xib lingx*,
　时　　一　　生长　十　两
　　　　　　　　　　　　　　　　　　　　　　稻谷一时结果有十两,

　万　　一　　长　十　斤
Ngonz ndeeul mac xib jinz*.
　天　　一　　生长　十　斤
　　　　　　　　　　　　　　　　　　　　　　稻谷一天结果有十斤。

　去　外　不　遇　马　哥　官
Bail roh miz xabt max gueh gunl*,
　去　外　不　遇　马　做　官
　　　　　　　　　　　　　　　　　　　　　　家人出门不遇马做官②,

　不　遇　蛇　哥　双
Miz xabt ngeaz guehguh③.
　不　遇　蛇　打绞
　　　　　　　　　　　　　　　　　　　　　　家人出门不遇蛇缠绕。④

　报　务　三　边　亚　四　边　累
Baauc*wus* saaml baaih yagt* sis baaih leix*,
　保佑　三　面　客　四　面　戚
　　　　　　　　　　　　　　　　　　　　　　保佑三亲四戚顺利,

　发　钱　发　根
Wac*xeenz wac*raag*.
　发财　发达
　　　　　　　　　　　　　　　　　　　　　　保佑亲戚发富发贵。

　百　事　大　吉
Bef siq daq jif,
　百事　大　吉
　　　　　　　　　　　　　　　　　　　　　　百事大吉,

　万　事　大　利
Wanq siq daq liq.
　万事　大　利
　　　　　　　　　　　　　　　　　　　　　　万事大吉。

---

①zeiz* ndeeul, 指一时, 下句的 ngonz ndeeul, 指一天。布依语的数词 ndeeul（一）, 在使用时是非常特殊的, 与量词组合后, ndeeul（一）一律置于量词的后面。这类还有多, 如 wenz ndeeul（一人）、mul ndeeul（一头猪）等。表示数词"一"的布依语还有 idt（一）, ndeeul 和 idt 的用法非常讲究, 在不同的语境下使用不同的词语, 应注意区分。

②"马做官", 指官员很无理、横蛮, 遇到了就无法。比喻不吉利。

③guh, 原意指（一）双。与 gueh 组合后, 指打绞, 指两条蛇缠绕在一起。

④布依族人认为, 出门如遇两条蛇互相缠绕是很不吉利的事、倒霉的事。

MOL JAUC / 墓告^① 经

立　獭　半　坡　劳
Lix ndanl buangh* bol laaux,
　有　个　半　坡　大

从前有一座大山，

　半　坡　劳　就　仅
Buangh* bol laaux xius* didt*.
　半　坡　大　很　险峻

大山很险峻。

雅　扶　那
Yahwuz* nac,
　妇女　从前

从前有妇女，

　央　妈　时　可　兄　恨　弟
Yaangc mal zez* gueh bix langl nuangx.
　才　来　就　做　兄　和　弟

才来做兄和弟。

　占　门　讲　因　归
Zuangz* mengz gaangc rinh* goih*,
　与　你　讲　因　归

和你说因归^②，

　占　门　以　年　月
Riangz mengz yiz* bilndianl.
　和　你　说　年　月

和你讲年月。

　因　归　少　浪　列
Yinh* gouh* saaullaez liez* ?
　因归　　多少　有

因归有多少？

---

① "墓告"，布依语，即"首经"或"头经"，是整部摩经的开头部分。

② "你"，指去世者。"因归"，方言，指"原因"。

年　月　少浪　了
Bilndianl sauhlaez leeux?
　年月　　多少　了
　　　　　　　　　　　　　　　　　　　　年月有多少？

　门　　抗　业　门　老
Mengz gaangc yiez* mengz naaux*,
　你　讲　助　你　成熟
　　　　　　　　　　　　　　　　　　　　你说你成熟，

　门　抗　少　门　作
Mengz gaangc sauh* mengz zoh*,
　你　讲　像　你　年轻
　　　　　　　　　　　　　　　　　　　　你说你年轻，

　门　杭　业　门　六十　七十
Mengz gaangc yiez* mengz rogtxib xadtxib,
　你　讲　助　你　六十　七十
　　　　　　　　　　　　　　　　　　　　你说你已经六七十岁，

　送　门　议　达　连
Haec mengz nyiel daz*liangh*.
　让　你　听一个东西
　　　　　　　　　　　　　　　　　　　　让你听一件事。

　门　杭　业　门　八十　九十
Mengz gaangc yiez* mengz beedtxib gucxib,
　你　讲　你　八十　九十
　　　　　　　　　　　　　　　　　　　　你说你已经八九十岁，

　点　门　议　达　来
Dianh* mengz nyiel daz*laix*,
　地点　你　听　一点
　　　　　　　　　　　　　　　　　　　　你来听一下，

　赖　门　议　达　点
Lail* mengz nyiel daz*dianh*.
　助　你　听　一段
　　　　　　　　　　　　　　　　　　　　你来听一段。

……
　　　　　　　　　　　　　　　　　　　　……

　拿　磋　闷　木袍
Dez xos menl* faixbaul*,
　拿　在沉　泡桐树
　　　　　　　　　　　　　　　　　　　　拿魂放在泡桐树下，

　拿　磋　造　木夜
Dez xos zaauz* faixqries*,
　拿　在　丛　槐树
　　　　　　　　　　　　　　　　　　　　拿魂放在槐树丛下，

拿 磋 烈　木 书
Nez xos liez* faixsul*,
拿 在 下　马桑树

拿魂放在马桑树下，

拿 磋 汝 二　　院
Nez xos ruc* suangl*qyianl*,
拿 在 缩　　小巷道

拿魂放在背阴的小巷里，

拿 磋 向　 二 化
Dez xos sianl* suangl*was*,
拿 在 方向　小巷道

拿魂放在人走不到的地方，

拿 磋 狗 二　 索
Daz xos mal suangl* zaag*,
拿 在 狗 拴　索

拿魂放在拴狗索的地方，

拿 磋 那 二　　元
Dez xos nac suangl* gaangl*.
拿 在 前 拴　　棍棒

拿魂放在拴狗棒那里。

败 纳 景 十 抗
Bail nac jingz* zeb* gaangl*,
去 前 走 就 卡

你往前走被卡，

败 浪 景 十 功
Bail langl jingz* zeb*gungh*,
去 后 走 就 堵

你往后走被堵，

魂 门 占 落 水
Wanl mengz ndudt* duagt* ramx.
魂 你 恐 落 水

你的魂恐已落水。

魂 　门 礼 桥 皆
Wanl mengz lix jeuz dais,
魂 　你 有 桥 从

你的魂走过桥，

魂 门 再 桥 仙
Wanl mengz raaih* jeuz sianl*.
魂 你 爬 桥 仙

你的魂爬过桥。

牛 更 豆 王 水 然 仙
Xiez genl mas*wuangz ramx raanz sianl*,
黄牛吃水果 王 水 家 仙

黄牛喝了仙家的水，

肉 陈 黄 相 定
Noh banz yanc*lumc diangl*.
肉 成 黄 像 黄瓜　　　　　　　　　　　肉色黄得像黄瓜一样。

　他　　上　关
Ndagt* henc nduail*,
别人　　上　关　　　　　　　　　　　　别人上关①，

　门　　上　关
Mengz henc nduail*.
你　　上　关　　　　　　　　　　　　你上关。

　他　　上　关　　上　关
Ndagt* henc nduail* henc nduail*,
别人　上　关　　上　关　　　　　　　别人上关，

　他　　上　关　密　牛　卡　窝
Ndagt* henc nduail* miz jiz* gax*woh*,
别人　上　关　没　助　东西　　　　别人上关没带什么东西，

　门　省　牛　卡　窝
Mengz senc* jiz* gax*woh*.
你　兴　助　东西　　　　　　　　　你上关兴带东西。

　他　　下　关
Ndagt* ruangz* nduail*,
别人　　下　关　　　　　　　　　　　别人下关，

　门　　下　关
Mengz ruangz* nduail*.
你　　下　关　　　　　　　　　　　你下关。

　他　　下　关　　下　卡
Ndagt* ruangz* nduail* ruangz nduail*,
别人　下　关　　下　关　　　　　　别人下关，

　他　　下　关　密　牛　汝　浪
Ndagt* ruangz* nduail* miz jiz* ruc* langl,
别人　下　关　没　缩　后　　　　别人下关没有缩后②，

---

① "上关"，指"上山关"。以下的"下关"，指"下山关"。
② "缩后"，指走在后面。

门　省　牛　妆　浪
Mengz senc* jiz* ruc* langl.
你　兴　助　缩　后

你下关就缩后。

堂　定　字　胡　香
Dangz dinlseh* wuc* yingl*,
到　下坎　灰尘　香

你到院坝的下坎，

堂　定　订　胡　若
Dangz dinldiangl* wuc* roz*,
到　院坝　　下坎

你到路的下坎，

堂　董　亮　暮　狂
Dangz dongh roongh mul guangx*,
到　坝　亮　猪　拱

你到猪拱的田坝，

堂　外　笋　狗　咩
Dangz rog luangl* mal raus,
到　外　巷　狗　犬

你到狗叫的巷道，

公鸡　高　忙　炫
Gaisbux gaauh* hanl* daix*.
公鸡　个　鸣叫　忙

你到公鸡鸣的地方。

鸡　轮　寨　叫　园
Gais mdaelmbaanx hanl xianl*,
鸡　　寨里　鸣叫　园

寨中的鸡在菜园里鸣叫，

儿　洒　败　洒　骂
Leg sagt* bail sagt* mal,
儿　看　去　看　来

儿看去看来，

洒　陈　个　豆　彼
Sagt* banz gol legbis*.
看　成　棵　小豆

看成一棵小豆。

儿　居　败　居　骂
Leg jis* bail jis* mal,
儿回忆　去　回忆　来

儿回忆去回忆来，

居　陈　脸　颇　绕
Jis* banz nac boh rauz.
回忆成　脸　父　咱

回忆成他的父亲。

儿 败 接 得 笠 上 告 门 狗
Leg bail zux* ndaix gadt* saangl jauc mengz mal,
儿 去 接 得 斗笠 上 头 你 来
儿去接得你头上的斗笠来，

桃 得 窝 浪 巴 门 狗
Daux* ndaix hoz*langl bas mengz mal.
节 得 喉 和 嘴 你 来
儿去接得你的一个东西来。

拿 妈 惰 养 产
Dez mal doc* yaangc* zaanc*,
拿 来 放 助 屋里
儿拿来放在屋里，

散 妈 惰 养 睡
Sans* mal doc* yaangc* ninz.
拿 来 放 助 睡
儿拿来家给你垫睡，

明 西 取 产 下
Mbinx*① xih jix* zah* lac,
席子 就 助 垫 下
儿拿席子给你垫睡，

那 明 西 界 上
Nac mbinx* xih hams* genz.
面 席子 就 盖 上
儿拿席子盖你身上。

乃 汗 浪 朵 那
Naaih* aml lail zos* lac,
以为 汗 流 在 下
以为汗会流到席子上，

汗 密 浪 朵 那
Aml miz lail zos* lac.
汗 没 流 在 下
汗没有流到席子上。②

乃 夏 那 朵 身
Naaih* sas* lac zos* ndaangl,
以为 汗 下 在 身
以为汗会流到身上，

夏 密 浪 朵 身
Sas* miz lail zos* ndaangl.
汗 没 流 在 身
汗没有流到身上。

---

①mbinx*，指席子。一般用芦苇编成，夏天用于垫睡，十分凉爽。
②因为生病了，不会发热，就不会流汗。

他　　动　　乃　　他　　更　尺　　上
Ndagt* jiedt* naih* ndagt* genl zigt*saangl①,
别人　　痛　一点　别人　　吃　　食物

别人生病别人吃东西（食物），

门　　动　　乃　　密　更　尺　　上
Mengz jiedt* naih* mengz genl zigt*saangl.
你　痛　一点　你　吃　　食物

你生病你不吃东西（食物）。

他　　动　　乃　　他　　更　　笋　坐
Nagt* jiedt* naih* ndagt* genl raangz zos*,
别人　　痛　一点　别人　吃　　笋子　在

别人生病别人吃笋子，

门　　动　　乃　　密　更　　笋　坐
Mengz jiedt* naih* miz genl raangz zos*.
你　痛　一点　不　吃　笋子　在

你生病你不吃笋子。

他　　动　　乃　　若　好
Ndagt* jiedt* naih* rox ndil,
别人　　痛　一点　会　好

别人生病别人会好，

门　　动　　乃　　密　若　好
Mengz jiedt* naih* miz rox ndil.
你　痛　一点　不　会　好

你生病你不会好。

动　　乃　　杀　猪　公
Jiedt* naih* gac muldag,
痛　一点　杀　公猪

你稍微病一点就杀公猪补体，

动　　重　　杀　猪　母
Jiedt* nagt* gac mulmeeh.
痛　重　杀　母猪

你病严重就杀母猪补体。

动　　乃　　杀　猪　凡
Jiedt* naih* gac mulfaanx*,
痛　一点　杀　童子猪

你稍微病一点就杀童子猪②补体，

果　　鬼　外　鬼　然
Gueh③ faangz rog faangz raanz,
祭　鬼　外　鬼　家

家鬼野鬼全祭祀，④

①zigt*saangl，原意指"一尺高"，这里指食物，很多食物。

②"童子猪"，指未成年的猪。比喻是质量好的猪。

③gueh，原意指"做"，这里指"祭""祭祀"。

④这句及以下几句，喻指人生病了，经过祭祀后后人就会康复。

果　堂　坛　那　字
Gueh dangz daanz* nac sel.
祭　到　坛　面　书

用坛和经书祭祀。

果　鬼　扶　那　赖
Gueh faangzwuz* laclail*.
祭　野鬼　院坝

在院坝祭祀野鬼。

鸭　败　界　巴　井
Bidt bail gaaix* bas mbos,
鸭　去　祭祀　口　井

拿鸭去井口祭祀，

乃　俄　海　到　托
Naaih* woz*haaix* dauc doz*,
以为　俄海　到　纠缠

以为是"俄海"[①]来纠缠，

俄　海　於　密　托
Woz*haaix* yiz* miz doz*.
"俄海"　野　没　纠缠

"俄海"没有来纠缠。

猪　败　书　那　由
Mul bail sul bal*qyiux*,
猪　去　你们　祭祀

拿猪去祭祀，

乃　俄　罗　到　托
Naih* woz*loz* dauc doz*,
以为　"俄罗"　来　纠缠

以为是"俄罗"来纠缠，

俄　罗　于　密　托
Woz*loz* yiz* miz doz*.
"俄罗"　也　没　纠缠

"俄罗"没有来纠缠。

血　的　得　皮　彭　二　彭
Lied dih* ndaix bix* benz soongl banz,
血　它　得　助　盆　两　盆

得一盆两盆猪血，

毛　的　得　皮　们　二　们
Benl dih* ndaix bix* manh* soongl manh*.
毛　它　得　助　把　两　把

得一把两把猪毛。

---

① "俄海"及以下的"俄罗"，均是一种野鬼的名字。

儿　犬　皆　背　门
Leg jianl*gaaix* beil* mengz,
儿　祭祀　陪　你

儿为你祭祀,

刀　柄　断　败　了
Daamlmid ragt* bail leeux.
刀柄　断　去　了

刀柄都砍断了。

鸭　犬　腊　背　门
Bidt jianl*laab beil* mengz,
鸭　腊月　陪　你

拿腊月的鸭为你祭祀,

骨　又　管
Ndos qyus guanx*,
骨　在　颈

你儿的骨头缩进颈椎了,^①

骨　管　奶
Ndos qyus naais.
骨　在　累

你儿累坏了。

更　肝　抵　送　太
Genl dabt dais* haul daangl,
吃　肝　肺　闻　味道

别人吃猪肝猪肺有香味,

肝　抵　於　密　太
Dabt dais* miz haul daangl.
肝　肺　没　闻　味道

你吃猪肝猪肺没香味。^②

乃　　包雅　到　荡
Naaih* bausyah dauc daangl*,
以为　　祖宗　来　阻挡

以为祖宗来阻挡,^③

包　雅　於　密　荡
Bausyah yiz* miz daangl.
祖宗　助　没　阻挡

祖宗没来阻挡。

乃　　鬼　然　到　孔
Naaih* faangzraanz dauc gaamx*,
以为　　祖宗　来　保佑

以为祖宗来保佑,

———————————

① 这句比喻照顾病人很辛苦,长期的劳累,使颈椎骨都缩进颈椎里了。

② 这句及上一句,比喻人生病了,吃什么东西都没有味道。

③ 以为经过祭祀、祈祷、驱邪除恶等仪式活动后,祖宗可以来阻挡疾病。

鬼　然　於　密　孔
Faangzraanz yiz* miz gaamx*.
　祖先　助　没　保佑

祖宗没来保佑。

包　雅　蕩　少　厘
Bausyah daangl* sauhnix,
　祖宗　挡　　这么

祖宗能挡多少，

鬼　然　孔　少　厘
Faangzraanz gaamx* sauhnix.
　祖宗　　保佑　这么

祖宗就保佑多少。

命　卡　更　少　厘
Mingh gah genl sauhnix,
命　自　吃　这么

命运值多少，

文　卡　尤　少　厘
Wenz gah qyus sauhnix.
人　自　住　这么

人就只值多少。

月　一　门　放　梦　挖　土
Ndianlidt mengz wangx*ngenz gval* nic*,
正月　你　　做梦　挖　土

正月你梦见自己去挖土，①

月　二　门　於　放　梦　朝　纳
Ndianlngih mengz yiz* wangx*ngenz zaaux* naz,
二月　你　也　　做梦　造　田

二月你梦见自己去挖田，

三　月　门　放　梦　独　牙　乍
Ndianlsaaml mengz wangx*ngenz duezyaz xac
三月　你　做梦　押　等

三月你梦见押②等

败　挖　由　抵
bail mbedt* yiuz*dix*,　③
去　挖　安葬

你去安葬，

---

① 这句及以下几句都是指做了不吉利的梦。喻指人生病了，身体虚弱。
② "押"，方言，指"巫师""巫婆"。
③　这里因一组句子太长，一行排不下，故作转行处理。转行时，下一组向右缩进一字格。右栏的意译与上一行对齐。
下同。

四　月　　门　放　梦　莱　造
Sisnguad mengz wangx*ngenz* bagt* zaaux*　　　　四月你梦见自己
四月　　你　　做梦　　查　造

　上　砍　树
bail wanz* faix,　　　　　　　　　　　　　　去砍树，
　土　砍树

五　月　　门　放　梦　当　荡　马
Hacnguad mengz wangx*ngenz* dangs dangsmax　　五月你梦见马凳
五月　　你　　做梦　　凳　马凳

　断　三　磋
ragt* saaml saaux*,　　　　　　　　　　　　断三节，
　断　三　节

六　月　　门　放　梦　河　海
Rogtnguad mengz wangx*ngenz* dah haaix*　　　六月你梦见自己去
六月　　你　　做梦　　河　海

　瓜　相　阎
gvas xiangl*nianz*,　　　　　　　　　　　　深海见阎王，
　过　　阎王

七　月　　门　放　梦　得　长　内　蛇
Xadtnguad mengz fangx*ngenz* ndaix raiz duezngez,　七月你梦见长蛇缠身，
七月　　你　　做梦　　得　长　蛇

　八　月　　门　放　梦　得
Beedtnguad mengz wangx*ngenz* ndaix　　　　八月你梦见自己
八月　　你　　做梦　　得

　迪　内　海
diz* ndaelhaaix*,　　　　　　　　　　　　住在海里，
　的　　海里

九　月　　门　放　梦　班　麻
Gucnguad mengz fangx*ngenz* banz ndaaix　　九月你梦见自己
九月　　你　　做梦　　成　麻

　栽　三　等
ndaml saaml dec*,　　　　　　　　　　　　栽了三窝麻，
　栽　三　窝

十　月　门　放　梦　管
Xibnguad mengz wangx*ngenz* guadtc*
十月　你　做梦　挖　　　　　　　　　　十月你梦见自己

　土　黄　　三　坝
naamhyanc* saaml dongh,
　黄土　　三　坝　　　　　　　　　　　挖了三坝黄土，

十一月　门　放　梦　管　田
Xibidtnguad mengz wangx*ngenz* guad* naz
十一月　你　做梦　挖　田　　　　　　　十一月你梦见自己

　黄　三　碗
yanc* saaml wal*,
　黄　三　块　　　　　　　　　　　　　挖了三丘黄泥田，

十二月　门　放　梦　可　奶
Xibngihnguad mengz wangx*ngenz* gueh maais
十二月　你　做梦　做　寡　　　　　　　十二月你梦见自己

　可　卡　攸　浪
gueh jac qyus langl.
　做　孤　在　后　　　　　　　　　　　成了孤儿。

门　可　奶　可　卡　攸　浪
Mengz gueh maais gueh jac qyus langl,
你　做寡　做　孤　在　后　　　　　　　你梦见自己成寡成孤，

打　订　放　梦　朝
Dac*dingl* wangx*ngenz zauz*.
一直　　做梦　尽情　　　　　　　　　　你不停地做梦。

　景　造　放　梦　肉
Ndagt*raul* wangx*ngenz noh,
　不停　　做梦　肉　　　　　　　　　　你梦见了猪肉，

吹　萧　放　梦　哭
Bos diag* wangx*ngenz daic,
吹　箫　　做梦　哭　　　　　　　　　　梦见吹箫而哭，

吹　木　叶　夜　笑
Bos mbaelfaix ngenz reeul,
吹　木叶　半夜　笑　　　　　　　　　　梦见吹木叶而笑，

卡 救　　放 梦 话
Gahjius* wangx*ngenz haaus.
　自己　　　做梦　话

梦见自言自语。

乃 说 解　梦　门
Laailnauz gaaic* ngenz mengz,
　以为　解绑　梦　你

以为解 ① 了你的梦，

於 密 改 梦　门
Yiz* miz gaaic* ngenz mengz.
　也 不 解绑　梦　你

也不能解你的梦。

洒 彭 等 洒 彭
Sah*beangz dengl* sah*beangz,
　各地　　助　　各地

各地呀各地，

棉　上 等 棉　下
Mianz*genz sah* mianz* lac.
　上方　助　　下方

上方呀下方。

乃 说 解　梦　门
Laailnauz gaaic* ngenz mengz,
　以为　解绑　梦　你

以为解了你的梦，

於 密 改 梦　门
Yiz* miz gaaic* ngenz mengz.
　也 不 解绑　梦　你

也不能解你的梦。

儿 他 低 堂 金
Leg ndagt* diz* dangz Jiml,
　儿 别人 请 到 金

别人的儿去请金 ② ，

儿 门 省 议 坝
Leg mengz senc* yih* mas*.
　儿 你 兴 也 去

你儿去请金。

儿 他 低 堂 押
Leg ndagt* diz* dangz yaz,
　儿 别人 请 到 押

别人的儿去请押，

---

① "解"，指"解绑"。布依族文化观认为，当人身体虚弱或生病时，经过请布摩来举行驱邪仪式，驱走病魔，身体就会康复。

② "金"及以下的"押"，人名，是布依族传说中的专管人身体康复的神。叙述到金就要叙述到押，互相对应，这是布依族诗歌的特点。

儿　门　省　议　巫
Leg mengz senc* yih* mbeh*.
儿　你　兴　也　去

　他　初　金　上　天
Ndagt* xos jiml henc mbenl,
别人　在　金　上　天

儿　初　金　上　　天
Leg xos jiml henc mbenl.
儿　在　金　上　　天

　他　拿押上　窗
Ndagt* dez yaz henc daangs①,
别人　带押上　门

儿　拿押上　窗
Leg dez yaz henc daangs.
儿　带押上　门

　上天　三十六　总　都
Genzmbenl saamlxibrogt zuangh*dul,
天上　三十六　道　门

　他　拿押败　张
Ndagt* dez yaz bail zaangh*②,
别人　带押去　祭祀

儿　拿押败　张
Leg dez yaz bail zaangh*.
儿　带押去　祭祀

　上天　二十六　总　窗
Genzmbenl ngihxibrogt zuangh*daangs,
天上　二十六　道　门

　他　拿押败　敖
Ndagt* dez yaz bail hauc,
别人　带押去　进

你儿去请押。

别人上天去请金，

你儿上天去请金。

别人上门去请押，

你儿也上门去请押。

天上三十六道门，

别人去请押做祭祀，

你儿也去请押做祭祀。

天上二十六道门，

别人请押去做祭祀，

①daangs，原意指"窗"，这里指"门"。
②zaangh*，原意指"匠人"，这里指"祭祀"。

儿 拿 押 败 敖
Leg dez yaz bail hauc.
儿 带 押 去 进

你儿也请押去做祭祀。

金 攸 三 湾 午
Jiml qyus saaml wabt* sax,
金 住 三 周 午

金住了三周午^①，

儿 堂^② 三 湾 午
Leg dangx^② saaml wabt* sax.
儿 等 三 周 午

你儿等了三周午^③。

押 攸 五 天 路
Yaz qyus hac ngonz ronl,
押 住 五 天 路

押住了五天的路程^④，

儿 堂 五 天 路
Leg dangx hac ngonz ronl.
儿 等 五 天 路

你儿等了五天的路程。

金 攸 三 湾 未
Jiml qyus saaml wabt* wad*,
金 住 三 周 未

金住了三周未，

儿 堂 三 湾 未
Leg dangx saaml wabt* wad*.
儿 等 三 周 未

你儿等了三周未。

押 攸 七 天 路
Yaz qyus xadt ngonz ronl,
押 住 七 天 路

押住了七天的路程，

儿 堂 七 天 路
Leg dangx xadt ngonz ronl.
儿 等 七 天 路

你儿等了七天的路程。

---

① "午"，是布依族人古时用于记录时间的十二个时辰之一，午时一般指上午 11 点至中午 1 点。"三周午"，即三周对时的午时，也即是三周整。以下的 "未""酉""申" 意思相同。

②dangx，原意指 "停""停留"，这里指 "等""等待"。

③ "儿等了三周午"，不是实指，比喻等了很长时间，喻指耐心等待、诚心等待。

④ "五天的路程"，比喻路程遥远。

金 攸 三 湾 酉
Jiml qyus saaml wabt* rux,
金 住 三 周 酉

金住了三周酉，

儿 堂 三 湾 酉
Leg dangx saaml wabt* rux,
儿 等 三 周 酉

你儿等了三周酉。

押 攸 九 天 路
Yaz qyus guc ngonz ronl,
押 住 九 天 路

押住了九天的路程，

儿 堂 九 天 路
Leg dangx guc ngonz ronl.
儿 等 九 天 路

你儿等了九天的路程。

儿 门 等 堂 金
Leg mengz ral dangz Jiml,
儿 你 找 到 金

你儿请到金，

金 省 到 十 坝
Jiml singx* dangz zib*mdegt*.
金 立即 到 快 速状

金快速地到来。

儿 门 等 堂 押
Leg mengz ral dangz yaz,
儿 你 找 到 押

你儿请到押，

押 省 到 十 巫
Yaz singx* dangz zib*wuz*.
押 立即 到 快 速状

押快速地到来。

米 初 茹 押 更
Haux xos rail* yaz genl,
米饭 在 甑 押 吃

拿甑里的饭给押吃，

鱼 初 彭 押 仅
Byal xos benz yaz dibt*.
鱼 在 盆 押 品尝

拿盆里的鱼给押吃。

央 押 仅 押 仅
Yams* yaz dibt* yaz dibt*,
叫 押品尝 押品尝

叫押品尝饭菜押就品尝，

庭 押 更 押 更
Dinz yaz genl yaz genl,
请 押 吃 押 吃

请押吃饭菜押就吃。

押 更 了
Yaz genl leeux,
押 吃 完

押吃好了，

押 豆 了
Yaz maad* leeux,
押 擦 完

押擦好嘴，

押 更 了 票 败
Yaz genl leeux biaoc* bail.
押 吃 完 收 捡 去

押吃好了就收捡碗筷。

米 散 买 押 洒
Hauxsaanl maix* yaz nyiadt*,
大米 给 押 撒

押拿大米撒地上，①

米 谷 买 押 克
Hauxgas maix* yaz genz*.
稻谷 给 押 撒

押拿稻谷撒地上。

三 个 摆 捧 又
Saaml nad baaih bungl* rid*②,
三 颗 边 方 未

拿三颗大米撒在东方，

八 个 摆 捧 酉
Beedt nad baaih bungl* rux,
八 颗 边 方 酉

拿八颗大米撒在西方，

九 个 摆 棒 申
Guc nad baaih bungl* sanl.
九 颗 边 方 申

拿九颗大米撒在南方。

押 纳 奔 密 从
Yaz nac mbagt* miz suaix*,
押 脸 严肃 不 语

押一脸的严肃不语，③

① 这句及下句，指用大米和稻谷象征性地撒在地上，喻指取谷魂。
② "未"是布依族古代用于表示方位的词之一，"未方"指东方。以下的"酉方"指西方，"申方"指南方。
③ 这句及以下几句，比喻押已经知道老人病情严重、即将去世，因此表情严肃，不言不语。

押 纳 诺 密 话
Yaz nac roh* miz haus.　　　　　　　押一脸的严肃不言。
押 脸 愁 不 话

　奔 密 从 更 谷
Mdagt* miz suaix* genl gaagt*,　　　押严肃得不吃饭，
严肃 不语 吃 稻谷

豆 密 诺 更 散
Bas miz rox genl saanl,　　　　　　押嘴不想吃饭。
嘴 不 会 吃 大米

押 密 丈 话 扶
Yaz miz zaaml* haus wux*,　　　　　押不想说话，
押 不 想 话 助

押 纳 奔 密 从
Yaz nac mbagt* miz suaix*,　　　　押一脸的严肃不语，
押 脸 严肃 不 语

押 纳 诺 密 话
Yaz nac roh* miz haus.　　　　　　押一脸的严肃不言。
押 脸 愁 不 话

　奔 密 从 更 谷
Mbagt* miz suaix* genl gaagt*,　　押严肃得不吃饭，
严肃 不 语 吃 稻谷

豆 密 诺 更 并
Bas miz rox genl bingl*①.　　　　押嘴不想吃红稗。
嘴 不 会 吃 红稗

押 密 想 话 扶
Yaz miz zeml* haus wuz*,　　　　押不想说什么话，②
押 不 想 话 什么

押 妈 音 门 初 然 扶 杀 林
Yaz mal nyid* mengz xos raanz wuz* gaz* linz*,　　押来祭你去仙界，
押 来 祭 你 在 家 仙 助

―――――――――――

① bingl*，泛指红稗、小米等杂粮。
② 因为押知道主家有不吉利的事，所以不想说什么。

押 妈 惰　门 初 然 仙 杀 赖
Yaz mal doc* mengz xos raanz xianl* saz*laiz*.
押 来 留　你 在 家 仙　助

押把脚伸直，

押 音 脚 败 初
Yaz idt gal bail xos,
押 伸 脚 去 在

押把脚伸直，

　门 省 降 告 摸
Mengz senc* jiangl* jauc mos.
　你 不停 包 头 新

你不停地整理自己的头饰。

　门 音 窗 赖 条
Mengz idt* wos* laic* deuz①,
　你 伸 膝 要 走

你伸膝要走，

押 音 脚 败 点
Yaz idt* gal bail dianh*,
押 伸 脚 去 地方

押抬脚要走，

　门 省 降 告 秧
Mengz singx* jiangl* jauc yingl*.
　你 不停 包 头 不停

你不停地整理自己的头饰。

　门 音 养 赖 条
Mengz idt* yaangclaez deuz?
　你 伸 怎样 走

你要怎样走？

押 败 接 得 笠 上 告 拿
Yaz bail zibt* ndaix gabt* genz jauc dez,
押 去 接 得 斗笠 上 头 拿

押去拿你头上的斗笠，

　个 立 拌 门 问
Gol* liz* baans* mengz hams,
　悄悄 拌 你 问

押悄悄地搭你肩问，

　门 攸 利 密 麻
Mengz qyus ndil miz ma?
　你 过 好 不 吗

你过得好吗？

---

① deuz，原意指"逃"，这里指"走"。

押 省 吹 缠 一 送 门
Yaz senc* beis* zaanc* ndeeul haec mengz,
押 不 停 吐 句 一 给 你

押送一句话给你，

押 省 标 缠 血 送 门
Yaz senc* biaul* zaanc* lies* haec mengz.
押 不 停 甩 句 一 给 你

押送一句言给你。①

才 门 妈 少 厘 条 南
Zaaiz* mengz mal sauhnix deuz*naanz,
助 你 来 这么 长久

你出来这么久了，②

寨 密 谁 近 孙
Mbaanx miz ndael jaiz laanl,
寨 无 谁 想 孙

寨上无谁想儿孙，

送 门 败 近 孙
Haec mengz bail jiaz laanl.
叫 你 去 想 孙

叫你去想儿孙。

然 密 文 近 歪
Raanz miz wenz jaiz wois*③,
家 无 人 管理 奴仆

家里无人管奴仆，

送 门 败 近 歪
Haec mengz bail jiaz wois*.
叫 你 去 管理 奴仆

叫你去管奴仆。

押 省 吹 缠 一 送 门
Yaz senc* beis* zaanc* ndeeul haec mengz,
押 不 停 吐 句 一 给 你

押送一句话给你，

押 省 标 缠 血 送 门
Yaz senc* biaul* zaanc* lies* haec mengz.
押 不 停 甩 句 一 给 你

押送一句言给你。

才 姑 妈 少 厘 条 南
Zaaiz* gul mal saulnix deuznaanz,
助 我 来 这么 长久

我④出来这么久，

①这句及上句，是一个小段落的分段句，经常重复出现，这是布依族诗歌的特点。
②这句及以下，是摩师与亡灵的对话。
③jaiz，原意指"想"，这里指"管理"。wois*，泛指"奴仆""帮工""佣人"等。
④"我"，指"亡灵"。

寨　密　谁　近　孙
Mbaanx miz ndael jaiz laanl,
　寨　无　谁　想　孙

寨上无谁想儿孙，

姑　密　败　近　孙
Gul miz bail jaiz laanl.
　我　不　去　想　孙

我不去想儿孙。

然　密　文　近　歪
Raanz miz wenz jaiz wois*,
　家　无　人　管理　奴仆

家里无人管奴仆，

姑　密　败　近　歪
Gul miz bail jaiz wois*.
　我　不　去　管理　奴仆

我不去管奴仆。

押　省　吹　缠　一　送　门
Yaz senc* beis* zaanc* ndeeul haec mengz,
　押　不停　吐　句　一　给　你

押送一句话给你，

押　省　标　缠　血　送　门
Yaz senc* biaul* zaanc* lies* haec mengz.
　押　不停　甩　句　一　给　你

押送一句言给你。

才　门　妈　少　厘　条　南
Zaaiz* mengz mal sauhnix deuz*naanz,
　助　你　来　这么　长久

你出来这么久了，

门　密　讲　败　窝　床　浪
Mengz miz gaangc bail wos* zuangh* laez,
　你　不　讲　去　在　哪里

你不想去哪里，

门　密　所　败　浪　床　完
Mengz miz soc* bail langl zuangh*wanx*.
　你　不　想　去　和　那里

你就不会去那里。

门　密　讲　败　巡　床　郎
Mengz miz gaangc bail aix* zuangh* laez,
　你　不　讲　去　爱　哪里

你不讲去爱哪里，

门　密　爱　败　浪　床　完
Mengz miz ngaaih* bail langl zuanh*wanx*.
　你　不　爱　去　和　那里

你就不会去爱那里。

押 省 吹 缠 一 送 门
Yaz senc* beis* zaanc* ndeeul haec mengz,
押 不停 吐 句 一 给 你

押送一句话给你，

押 省 标 缠 血 送 门
Yaz senc* biaul* zaanc* lies* haec mengz.
押 不停 甩 句 一 给 你

押送一句言给你。

堂 梭 由 三 柱 四 柱
Dangz soh*yuz* saaml saul sis saul,
到 地方 三 柱四柱

三柱四柱楼的地方，

若 门 堂 什 以
Rox mengz dangz mal fih?
知 你 到 没 有

你到过没有？

四 树 劳 柱 多
Sis faix lauz saul laail,
四 树 楼 柱 多

四柱多楼的地方，

若 门 堂 什 以
Rox mengz dangz mal fih?
知 你 到 没 有

你到过没有？

若 兄弟
Rox bixnuangx,
知 兄弟

好兄弟，

半 垢 弄
Buangh* jius*nduangl*.
半 亲家

半个亲家。

床 汤 酒
Zuangz* dangc lauc,
桌 放 酒

摆酒的桌子，

米 敬 光
Haux jings*guaangh*,
大米 周围

周围的大米，

当 汤 亮 点 困
Dangl daaml* roongh dianh*guns*,
灯 点 亮 地方

点灯亮的地方，

若　门　堂　什以
Rox mengz dangz mal fih?
知　你　到　没　有

你到过没有？

押　省　吹　缠　一　送　门
Yaz senc* beis* zaanc* ndeeul haec mengz,
押　不停　吐　句　一　给　你

押送一句话给你，

押　省　标　缠　血　送　门
Yaz senc* biaul* zaanc* lies* haec mengz.
押　不停　甩　句　一　给　你

押送一句言给你。

堂　梭　由　三　柱四柱
Dangz soh* yuz* saaml saul sis saul,
到　地方　　三　柱四柱

三柱四柱楼的地方，

姑　于　堂　妈　了
Gul yiz* dangz mal leeux.
我也　到　来　了

我已经到过了。

四　树　劳　柱　多
Sis faix lauz saul laail,
四　树　楼　柱　多

四柱多楼的地方，

姑　于　堂　妈　了
Gul yiz* dangz mal leeux.
我也　到　来　了

我已经到过了。

若　兄　弟
Rox bixnuangx,
知　兄弟

好兄弟，

半　坅　弄
Buangh* jius*nduangl*.
半　亲家

半个亲家。

床　汤　酒
Zuangz* dangc lauc,
桌　放　酒

摆酒的桌子，

米　敬　光
Haux jings*guaangh*,
大米　周围

周围的大米，

当　　汤　　亮　　点　　困
Dangl daaml* roongh dianh*guns*,　　　　　　点灯亮的地方，
　灯　　点　　亮　　　地方

姑　于　　堂　妈　了
Gul yiz* dangz mal leeux.　　　　　　　　　我已经到过了。
我也　　到　来　了

　门　　省　　吹　　押　　刀
Mengz singx* beis* yaz dauc,　　　　　　　你不停地叫押来，
　你　不停　催　押来

　门　　省　　脑　　押　　骂
Mengz singx* naaul* yaz mal.　　　　　　　你不停地催押来。
　你　不停　催　押　来

押　省　　刀　立　林
Yaz singx* dauc liz*linz*,　　　　　　　　押立即就来，
押不停　来　快速状

押　省　　败　立　赖
Yaz singx* bail liz*lail*.　　　　　　　　押立即就到。
押不停　去　快速状

金　攸　三　弯　酉
Jiml qyus saaml wabt* rux,　　　　　　　　金住三周酉，
金　住　三　周　酉

　刀　　败　三　弯　酉
Daaus bail saaml wabt* rux.　　　　　　　转回三周酉。
　转　去　三　周　酉

押　攸　九　天　路
Yaz qyus guc ngonz ronl,　　　　　　　　押住九天的路程，
押　住　九　天　路

刀　败　九　天　路
Daaus bail guc ngonz ronl.　　　　　　　转回九天的路程。
　转　去　九　天　路

金　攸　三　弯　未
Jiml qyus saaml wabt* fad,　　　　　　　金住三周未，
金　住　三　周　未

刀　败　三　弯　未
Daaus bail saaml wabt* fad.
转　去　三　周　未

转回三周未。

押　攸　七　天　路
Yaz qyus xadt ngonz ronl,
押　住　七　天　路

押住七天的路程，

刀　败　七　天　路
Daaus bail xadt ngonz ronl.
转　去　七　天　路

转回七天的路程。

金　攸　三　弯　午
Jiml qyus saaml wabt* sax,
金　住　三　周　午

金住三周午，

刀　败　三　弯　午
Daaus bail saaml wabt* sax.
转　去　三　周　午

转回三周午。

押　攸　五　天　路
Yaz qyus hac ngonz ronl,
押　住　五　天　路

押住五天的路程，

刀　败　五　天　路
Daaus bail hac ngonz ronl.
转　去　五　天　路

转回五天的路程。

败　天　未
Bail ngonz fad,
去　天　未

逢未的那天去，

接　天　申
Ndabt* ngonz sanl.
接　天　申

逢申的那天接。

儿　门　若　议　工
Leg mengz roxnyiel gaml*,
儿　你　知道　尽情

你儿知道你回来了，

儿　门　若　议　干
Leg mengz roxnyiel ganh*.
儿　你　知道　尽情

你儿知道你到家了。

若 议 壅 巴 当
Roxnyiel gaul* bas dangs,
知道 就 嘴 嘱咐

知道就嘱咐你进家，

若 议 干 告 赖
Roxnyiel gaamx*jauc lail.
知道 台阶 头 梯坎

你已经到了梯坎。

乃 金 拿 魂 来
Laail Jiml dez wanl mal,
以为 金 带 魂 来

以为金带魂来，

金 密 拿 魂 骂
Jiml miz dez wanl mal.
金 没 带 魂 来

金没带魂来。

乃 押 拿 魂 刀
Laail yaz dez wanl dauc,
以为 押 带 魂 来

以为押带魂来，

押 密 拿 魂 刀
Yaz miz dez wanl dauc.
押 没 带 魂 来

押没带魂来。

拿 魂 堂 务 要
Dez wanl dangz weacyaaul,
带 魂 到 青云

带魂到青云，

边 务 要 到 才
Baaih weacyaaul dauc zaanx*.
边 青云 来 阻挡

被青云阻挡。

拿 魂 堂 务 黑
Dez wanl dangz weacwanx*,
带 魂 到 黑云

带魂到黑云，

边 务 黑 到 推
Baaih weacwanx* dauc zaaix*.
边 黑云 来 阻隔

被黑云阻隔。

拿 魂 堂 务 乃
Dez wanl dangz weacnanc*,
带 魂 到 白云

带魂到白云，

边　　务　乃　　到　一
Baaih weacnanc* dauc yih*.
边　　白云　　　来　推脱

被白云推脱。

儿　了　送　金　败　以　妈
Leg ndeeul songs jiml bail yiz* mal,
儿　一　送　金　去　也　来

儿送金去儿已回，

儿　了　送　押　败　以　刀
Leg ndeeul songs yaz bail yiz* dauc.
儿　一　送　押　去　也　转

儿送押去儿已返。

报　　堂　奎　得　一
Baaus dangz goiz dazidt①,
报　　到　婿　第一

报给大女婿，②

奎　得　一　初　土　忙　妈
Goiz dazidt xos rih hanl mal.
婿　第二　在　菜地　忙　来

大女婿在地里干活急忙赶来。

报　　堂　奎　台　二
Baaus dangz goiz dazngih,
报　　到　婿　第一

报给二女婿，

奎　得　二　初　田　忙　到
Goiz dazngih xos naz hanl dauc.
婿　第二　在　田　忙　到

二女婿在田里干活急忙赶来。③

泥　土　哥　奎　定　奎　到
Naamh rih④ goc* goiz dinl⑤ goiz dauc,
泥土　菜地　粘　婿　脚背　婿　到

泥土粘女婿的脚背女婿来，

泥　田　哥　奎　养　奎　到
Naamh naz goc* goiz yaangl* goiz dauc,
泥　田　粘　婿　小腿　婿　到

田泥粘女婿的小腿女婿到，

---

①goiz dazidt，原意指"第一个女婿"，这里指"大女婿"。下句的"goiz dazngih"原意指"第二个女婿"，这里指"二女婿"。

② "报给大女婿"，指将岳父去世的消息告诉大女婿。

③ 这句及以下几句，比喻女婿听到岳父（母）去世的消息后，来得很快。

④naamh rih，指"菜地里的泥土"，下句的"naamh naz"指"稻田里的泥土"。

⑤dinl，指"脚背"，以下的 yaangl*，指"小腿"，即指膝盖至脚踝之间；gal，泛指"脚"，即指膝盖以下。

泥　红　哥　奎　卡　奎　到
Naamh ndingl goc* goiz gal goiz dauc,　　　　　　红泥粘女婿的脚女婿到，
泥　红　粘　婿　脚　婿　到

泥　田　个　奎　养　奎　到
Naamh naz goc* goiz yaangl* goiz dauc.　　　　　红泥粘女婿的小腿女婿到。①
泥　田　粘　婿　小腿　婿　到

二　定　二　若　多　到
Soongl dinl soongl rauz* dos dauc,　　　　　　　两只马蜂急忙到，②
两　脚　两　窝　马蜂　到

二　窝　二　廷　到
Soongl rauz* soongl diangz dauc.　　　　　　　两只蜜蜂急忙到。
两　窝　两　蜜蜂　到

米　初　汝　奎　更
Haux xos ruh* goiz genl,　　　　　　　　　拿米饭给女婿吃，
米饭　在　甑　婿　吃

鱼　初　彭　奎　犬
Byal xos benz goiz dibt*.　　　　　　　　　拿鱼做给女婿吃。
鱼　在　盆　婿　夹

央　奎　犬　奎　犬
Yams* goiz dibt* goiz dibt*,　　　　　　　　叫女婿吃饭女婿就吃饭，
叫　婿　吃　婿　吃

廷　奎　更　奎　更
Dinl* goiz genl goiz genl.　　　　　　　　　劝女婿吃饭女婿就吃饭。
劝　婿　吃　婿　吃

奎　更　了
Goiz genl leeux,　　　　　　　　　　　女婿吃饱了，
婿　吃　完

奎　豆　了
Goiz mas* leeux,　　　　　　　　　　女婿嚼好了，
婿　嚼　完

①以上几句，指女婿听到岳父去世的消息，泥土粘在脚上，还来不及清洗，就赶来了。反映了女婿对岳父的关心、重视。
②这句及下句，是比喻女婿们快速的到来。

奎　更　了　票　败
Goiz genl leeux biaul* bail.
婿　吃　完　收　捡　去

女婿吃好了就收捡餐具。

手　右　开　眼　泪
Fengzgvaz wedt* ramxdal,
　右手　擦　　眼泪

女婿右手擦眼泪，

手　左　接　得　地　当　查
Fengzsoix zibt* ndaix diz*dangs*zaz*.
左手　接　得　一　　工具

左手接得一件工具。

下　拜　利　水　亥
Ruangz bail ndael ramx aih*,
下　去　里　水　软

下到小河沟，

下　拜　打　水　抗
Ruangz bail dah ramx ganl*.
下　去　河　水　激流

下到激流的河滩。

闯　扰　竹　了　买
Xabt rauz* rad liaux* gaail*,
遇　丛　竹　就　砍

遇到一丛竹就砍，

闯　扰　写　了　管
Xabt rauz* raaiz* liaux* guaix*.
遇　丛　花斑　就　修

遇到一篷竹就修。

奎　了　断　来　奎　了　壤
Goiz ndeeul duans* dauc goiz ndeeul ragt*,
婿　一　断　来　婿　一　断

一个女婿修竹枝、一个女婿断节，

奎　了　断　初　闷
Goiz ndeeul ragt* xos manc*,
婿　一　断　在　那里

一个女婿修竹枝丢在那里，

奎　了　壤　初　断
Goiz ndeeul ragt* xos duanh*,
婿　一　断　在　节

一个女婿砍断竹节，

断　初　闷　笛　断
Duanh* xos menc* jiz* duanh*,
节　在　那里　助　节

砍竹在那里，

壤　初　贯　笛　得
Ragt* xos guans* jiz* dies*.
断　在　根　助　那里
　　　　　　　　　　　　　　　　修枝在那里。

利　可　狂　打　深
Ndil gueh mbaangx* dah lag,
好　做　船杆　河深
　　　　　　　　　　　　　　　　拿做深河的划船杆，

齐　成　狂　打　深
Jiz* banz mbaangx* dah leg.
就　成　船杆　河深
　　　　　　　　　　　　　　　　就成深河的划船杆。

利　可　浅　打　谢
Ndil gueh mbogt dah sel*,
好　做　浅　河沙
　　　　　　　　　　　　　　　　拿做浅水的石沙，

齐　成　浅　打　谢
Jiz* banz mbogt dah sel*.
就　成　浅　河沙
　　　　　　　　　　　　　　　　就成浅水的石沙。

狂　打　深　闯　谢
Wangx* dah lag xabt sel*,
潭　河深　遇　沙
　　　　　　　　　　　　　　　　深河遇浅水，

浅　打　谢　放　索
Mbogt dah sel* xuangs zaag*.
浅　河沙　放　绳
　　　　　　　　　　　　　　　　浅水好放绳。

奎　利　扶　秧　爱
Goiz ndil wuz* yiangh ngaaih*,
婿　好　助　才　喜欢
　　　　　　　　　　　　　　　　女婿最喜欢这里，

奎　歹　扶　秧　走　皆　地
Goiz dais wuz* yiangh byaaic geiz* dih*.
婿　从　助　才　走　这里
　　　　　　　　　　　　　　　　女婿喜欢走这里。

奎　秧　上　败　上　秧　旱
Goiz yaangh henc bail saangl yaangh yaauh,
婿　才　上　去　高处　才　喊
　　　　　　　　　　　　　　　　女婿才跑上坎去喊，

奎　秧　上　败　了　秧　说
Goiz yaangh henc bail ndiaul* yaangh nauz.
婿　才　上　去　山坳　才　说
　　　　　　　　　　　　　　　　女婿才跑去山坳上说。

井　了　要　克　了　攸利
Mbos ndeeul yauh*ges* ndeeul qyusndil,
井　一　清澈　一　很好

这里的井水清凉清澈，

井　了　宽　皮　天　浪　轮　攸利
Mbos ndeeul gvaangs bix* mbenl langl ndanl qyusndil.
井　一　宽　比　天　和　地　很好

这里的井比天宽阔。

两　边　两　百　当
Soongl fiangx* soongl basdaangs,
两　边　两　窗口

井两边像两扇窗，

两　败　两　百　罗
Soongl baaih soongl basloz*.
两　边　两　门扇

井两边像两扇门。

雀　抗　可　妈　告
Rog gaangl* gueh mal gaul*,
雀　中　做　来　站

雀儿飞来站，

雀　故　告　妈　忍
Roggul*gaul* mal renl*,
"故告鸟"　来　站

"故告鸟"来站一排，

雀　救　混　妈　长
Rog jiul*gunl* mal raiz*.
画眉鸟　来　叫

画眉鸟叫不停。

奎　央　夹　板　细　送　铜
Goiz yiangh rad baanxsal haec luangz,
婿　才　剪　纸板　给　龙

女婿剪纸板给龙，

送　铜　拿　水　而
Haec luangz dez ramx nid*,
给　龙　拿　水　来

叫龙带水来，

铜　省　拿　水　而
Luangz senc* dez ramx nid*.
龙　不停　拿　水　来

龙就带水来。

奎　央　夹　板　纸　送　龙
Goiz yiangh rad baanx*sal haec ngeh,
婿　才　剪　纸板　给　蛟龙

女婿剪纸板给蛟龙，

送　龙　拿　水　上
Haec ngeh dez ramx henc,
叫　蛟龙　带　水　上
　　　　　　　　　　　　　　　　叫蛟龙带水上天，

龙　省　拿　水　上
Ngeh senc* dez ramx henc.
蛟龙 不停　带　水　上
　　　　　　　　　　　　　　　　蛟龙就带水上天。

水　省　上　西　三
Ramx senx* henc xihsah*,
水　不停　上　快速状
　　　　　　　　　　　　　　　　水不停地上天，

水　到　瓜　妈　上
Ramx dangz gvas mal genz.
水　到　过　来　上
　　　　　　　　　　　　　　　　水就上天去。

奎　央　别　巴麻　败　上
Goiz yiangh mbies* basmid bail genz,
婿　才　歪　刀口　去　上
　　　　　　　　　　　　　　　　女婿把刀①口歪朝上，

怕　着　然　浪　散
Laaul deg* raanz langl saangl.
怕　碰着　房　和　高处
　　　　　　　　　　　　　　　　怕刀口碰到高处。

奎　央　别　巴麻　败　下
Goiz yiangh mbies* basmid bail lac,
婿　才　歪　刀口　去　下
　　　　　　　　　　　　　　　　女婿把刀口歪朝下，

怕　着　下　浪　砂
Laaul deg* sah* langl res*.
怕　碰着　石　和　砂
　　　　　　　　　　　　　　　　怕碰着石和砂。

奎　央　别　巴麻　败　养
Goiz yiangh mbies* basmid bail nyiangc*,
婿　才　歪　刀口　去　旁边
　　　　　　　　　　　　　　　　女婿把刀口歪到旁边，

央　来　又　水　要
Yiangh dauc xabt ramx yaaul.
才　来　遇　水　绿
　　　　　　　　　　　　　　　　才遇到清水。

---

① "刀"，指"法刀"。布依族摩文化观认为，"法刀"是驱邪除恶的神刀。

布依族摩经典籍译注系列

朝然经

央　来　教　水　朵
Yiangh ndaix jiaul* ramx doh,
才　得　线　水　独

才得一根水线，

央　来　若　水　清
Yiangh ndaix rogt* ramx sael.
才　得　葫芦　水　清净

才得一葫芦清水。

拿　去　托　养　产
Dez bail doc* yaangc* zaanz*,
带　去　留　　家里

带水回家去，

散　败　托　腊　於
Saanc* bail doc* lac yiz*.
拿　去　留　下　家

带水去家里。

补　汉　到　卖　锅
Buxhas① dauc gaail gval,
商人　　来　卖　锅

商人来卖锅，

补　腊　到　卖　义
Buxlac dauc gaail yis*.
下方人来　卖东西

下方人来卖东西。

群　三　脚　妈　摆
Jingz* saaml gal dauc mbiadt*,
架　三　脚　来　摆

拿三脚架来摆，

锅　耳　义　妈　当
Gval rez rid* dauc dangc,
锅　两　耳　来　放

拿两耳锅来放。

文　木　让　妈　长
Wenz faixrid* dauc zaanl*,
柴　槐树　来　烧

拿槐树来烧火，

长　水　热　立　笼
Zaanl* ramx rauc liz*longz*,
烧　水　热　快速状

水很快就热，

---

①Buxhas，原意指"汉族人"，这里指"商人"。

利　冬　李　浪　立
Ndil damh* manc langl liz,
好　洗　李子　和　梨子

好洗李子和梨子，

利　虽　一　补　老
Ndil sois* yiz* buxlaaux.
好　洗　脏　老人

好洗老人的革利①。

利　冬　李　浪　桃
Ndil dams* manc langl daauz,
好　洗　李子　和　桃子

好洗李子和桃子，

利　虽　白　补　老
Ndil sois* haaul buxlaaux.
好　洗　白　老人

好让老人身上净。

儿　怕　脸　门　一
Leg laaul nac mengz yiz*,
儿　怕　脸　你　脏

儿怕你的脸脏，

段　旁　细　妈　皆
Duadt* bangz sil* mal wadt*.
拿　布巾　来　抹

拿布巾来抹。

儿　怕　口　门　臭
Leg laaul bas mengz haul,
儿　怕　嘴　你　臭

儿怕你的口臭，

要　西　三　妈　磋
Aul xih*sah* dauc sah*.
拿　小脸巾　来　擦

拿小脸巾来擦。

磋　手　右　朵　然
Sah* fengzgvaz doc* rans*,
擦　右手　留　下

往下擦右手，

磋　手　左　朵　上
Sah* fengzsoix doc* saangl.
擦　左手　留　上

往上擦左手。

---

① "革利"，方言，指身上的脏东西（死皮、角质等）。这句及以下几句，指老人去世时，给老人净身。

磋　手　右　齐　保　　塘　田　儿　门
Sah* fengzgvaz jiz* baauc* damz naz leg mengz,
　擦　　右手　　就　保佑　　塘田　儿　你

擦右手就保佑你儿孙庄稼丰收，

磋　手　左　齐　保　　杀　帛　儿　门
Sah* fengzsoix jiz* baauc* xeenz wac* leg mengz.
　擦　　左手　　就　保佑　　钱　富贵儿　你

擦左手就保佑你儿孙发财富贵。

……

……

儿　败　问　山脚
Leg bail hams dinlbol,
儿　去　问　山脚

儿去问山脚，

山脚　扶　　送　瓜
Dinlbol wuz* haec gvas.
山脚　助　　让　过

山脚让经过。

儿　败　问　梭　打
Leg bail hams sos*dah,
儿　去　问　渡口

儿去问渡口，

梭　打　扶　送　走
Sos*dah wuz* haec byaaic.
渡口　助　让　　走

渡口让经过。

　彭　　补汉　厘　木
Beangz Buxhas lix faix,
　地方　商人　有树

商人居住的地方有树，①

　彭　　补翁　厘　木
Beangz Buxwengl lix faix,
　地方　　翁人　有　树

翁人②居住的地方有树，

　孟　　　同上　厘　木
Mbongs* dungxsaangl lix faix,
　地方　　高处　有　树

高山的地方有树，

---

① 这一段叙述去世者的儿子去找好树（做棺材用）的过程。树即指木板。

② "翁人"，指古代一个部落，今已经消失。

然　补汉厘木
Raanz Buxhas lix faix,
家　商人　有树　　　　　　　　　　　商人家有树。

儿 呵利 败 样
Leg az*lis* bail qyiangl*,
儿 立马 去 瞧　　　　　　　　　　　儿立马去瞧，

儿 七 土 败 样
Leg zadt*rih* bail qyingl*.
儿 侄儿 去 瞧　　　　　　　　　　　侄儿立马去瞧。

儿 败 点 巫 阳
Leg bail dies* wul* yaangl*,
儿 去 看 副 样板　　　　　　　　　　儿去看样板，

巫 的 破 手 左
Wul* dih* biagt* fengzsoix,
副 这 炸裂 左手　　　　　　　　　　这副左边是炸裂的，

儿 密要 巫 完
Leg mizaul wul* nix.
儿 不要 副 这　　　　　　　　　　　儿不要这副。

儿 败 点 巫 一 巫 二
Leg bail dies* wul* idt wul* ngih,
儿 去 看 副 一 副 二　　　　　　　　儿去看第一副第二副，

克 他 摆 手 右
Guangs*dal baaih fengzsoix,
疙瘩　边 左手　　　　　　　　　　　疙瘩在左边，

儿 密要 巫 完
Leg mizaul wul* wanx*.
儿 不要 副 那　　　　　　　　　　　儿不要那副。

儿 败 点 巫 三 巫 四
Leg bail dies* wul* saaml wul* sis,
儿 去 看 副 三 副 四　　　　　　　　儿去看第三副第四副，

巫 的 破 雅 遄
Wul* dih* biagt* qyas zuaih*,
副 这 炸裂 难 修理　　　　　　　　　这副炸裂难修理，

巫　的　摆　怒　列
Wul* dih* baaih nul*liel*,
副　这　边　难看

这副很难看，

巫　的　别　央　剩
Wul* dih* ndagt* yaangc* lenl*,
副　这　别人　才　剩

这副是别人选剩下的，

儿　密　要　巫　完
Leg mizaul wul* nix.
儿　不要　副　这

儿不要这副。

犭①　初　土　盖大　　门　利　领　巫　密
Xeenz xos rih gaaishungl*mengz lix lingh* wul* miz?
钱　在　地　大的　　你　有　另　副　不

你②还有其他的吗？

犭　初　坝　路　的　门　利　领　巫　密
Xeenz xos dongh ranl dih* mengz lix lingh* wul* miz?
钱　在　田　坝　路　它　你　有　另　副　不

你还有其他的好树吗？

汉　说　犭　初　土　盖大　姑刀　密　厘
Has nauz xeenz xos rih gaaishungl* gul dauc mizlix,
汉　说　钱　在　地　大的　我　助　没有

商人说，大的我倒是没有，

犭　初　坝　路　的　姑　中　巫　了
Xeenz xos dongh ronl dih* gul zuangh*wul* ndeeul.
钱　在　田　坝　路　它　我　中　副　一

但我家中有一副好的。

儿　呵　利　败　样
Leg az*lis* bail qiangl*,
儿　立马　去　瞧

儿立马去瞧，

儿　七　土　败　样
Leg zadt*rih* bail qiangl*.
儿　侄儿　去　瞧

侄儿立马去瞧。

儿　望　去　望　来
Leg sagt* bail sagt* mal,
儿　看　去　看　来

儿看去看来，

---

① "犭"，为摩师用于记录布依语语音的符号之一。

② "你"，指"商人"。

一　说　巫　厘　好
Yiz* nauz wul* nix ndil.
就　说　副　这　好

就说这副好。

儿居　败居　妈
Leg jis* bail jis* mal,
儿数　去数　来

儿数去数来，

一　说　巫　厘　稳
Yiz* nauz wul* nix manh.
就　说　副　这　好

就数这副稳。

外　的　黑　角　牛
Roh dih* wanx* gaulwaaiz,
外　它　黑　　牛角

它的外部黑似牛角，

　内　的　写　皆　赖
Ndael dih* raaiz gaez* laiz*.
　内　它　花斑　木纹

它的内部花斑木纹清晰。

　到　讲　价　罗　汉
Dauc gaangc gah lo Has,
　来　讲　价　助　商人

来讲价吧商人，

　到　瓦　要　罗　汉
Dauc hah aul lo Has.
　来　占　要　助　商人

来我要吧商人。

化　界　上　门　卖　皮　劳　乙
Wal* hams* saangl mengz gaail bix*laezndeeul,
盖　盖　上　　你　卖　助　　多少

上面的盖子你卖多少？

汉　说　化　界　　上　姑　卖　皮
Has nauz wal* hams* saangl gul gaail bix*
商人　说　盖　盖　　上　我　卖　助

商人说，上面的盖子我卖

　马　二　马
　max*soonglmax*.
　"马二马"

"马二马" ①。

---

①"马"，是古代的一种货币。"马二马"，指具体的金额。"一马"相当于现今的多少钱币不详。以下的"冇二冇""尧二尧""羊二羊"均代表不同的价值。

彭　都卧密马
Beangz dul os miz max,
地方 我们 出 不 "马"

我们地方不产"马"，

金　银　到　可　马
Jiml nganz dauc gueh max.
金　银　来　做 "马"

我拿金银来当"马"。

门　一　要罗汗
Mengz yiz* aul lo Has,
你　也　要 助 商人

你就收下咯商人，

化 店 下 门 赖 皮　浪 一
Wal* zah* lac mengz laz* bix* laezndeeul?
块　垫 下 你 要 助　多少

两块底板你要多少钱?

汉 说 化 店 下 姑 卖 皮 冇　二 冇
Has nauz wal* zah* lac gul gaail bix* biex*soongl biex*.
商人说 块 垫 下 我 卖 助　"冇二冇"

两块底板我卖"冇二冇"。

彭　都卧密冇
Beangz dul os miz biex*,
地方 我们 出 不 "冇"

我们地方不产"冇"，

金　银　到　可　冇
Jiml nganz dauc gueh biex*.
金　银　来　做 "冇"

我拿金银来当"冇"，

门　一　要罗汗
Mengz yiz* aul lo Has.
你　也　要 助 商人

你就收下咯商人。

两　化 冇　门 赖 皮　浪 一
Soongl wal* biex* mengz laz* bix* laezndeeul?
两　块 端头 你 要 助　多少

两块端头你要多少钱?

汗 说 两 化 冇 姑 卖 皮
Has nauz soongl wal* biex* gul gaail bix*
商人 说 两 块 端头 我 卖 助

商人说，两块端头要卖

尧　二 尧
yauz*soonglyauz*.
"尧二尧"

"尧二尧"。

彭　都　卧　密　尧
Beangz dul os miz yauz*,
　地方 我们 产 不 "尧"

我们地方不产"尧",

金　银　到　可　尧
Jiml nganz dauc gueh yauz*,
　金　银　来　做　"尧"

我拿金银来当"尧",

门　一　要　罗　汗
Mengz yiz* aul lo Has.
　你　也　要　助 商人

你就收下咯商人。

两　化　当　讨　门　卖　皮　浪　一
Soongl wal* daangl*daux* mengz gaail bix* laezndeeul?
　两　块　墙头　你　卖 助　多少

两块墙头你卖多少?

汗　说　两　化　当　讨　姑　卖　皮
Has nauz soongl wal* daangl*daux* gul gaail bix*
商人 说 两　块　　墙头　我 卖 助

商人说,两块墙头我卖

　羊　二　羊
　yuangzsoonglyuangz.
　"羊二羊"

"羊二羊"。

彭　都　卧　密　羊
Beangz dul os miz yuangz,
　地方 我们 出 不 "羊"

我们地方不产"羊",

金　银　到　可　羊
Jiml nganz dauc gueh yuangz,
　金　银　来　做　"羊"

我拿金银来当"羊",

门　一　要　罗　汗
Mengz yiz* aul lo Has.
　你　也　要 助 商人

你也收下咯商人。

短　得　木　攸　利
Duanl* ndaix faix qyusndil,
　卖　得　树　很　好

买得很好的树子,

四　柱　立　西　班
Sis saul dangc sis baaih.
四　柱　立　四　边

四根摆四面。

落　犭　乃　买　董
Dagt* xeenz ndaix zeix* dongh*,
落　钱　得　买　索

花钱买绳索，

央　得　董　妈　条
Yiangh ndaix dongh* mal deuz*.
才　得　索　来　捆

才得绳索来捆树。

落　犭　乃　买　了
Dagt* xeenz ndaix zeix* leeul*,
落　钱　得　买　篾条

花钱买篾条，

央　得　了　妈　坤
Yiangh ndaix leeul* mal guns*.
才　得　篾条　来　捆

才得篾条来捆树。

密　攸　补郎　拿　到　河　送　扰
Mizqyus buxlaez dez dangz dah haec rauz,
没有　谁　带　到　河　给　我们

没有谁帮我们送到河岸，

密　攸　补郎　瓜　到　然　送　绕
Mizqyus buxlaez gvas dangz raanz haec rauz,
没有　谁　过　到　家　给　我们

没有谁帮我们送到家，

密　攸　补郎　拿　堂　统　送　绕
Mizqyus buxlaez dez dangz dongh haec rauz,
没有　谁　带　到　田坝　给　我们

没有谁帮我们送到田坝，

密　攸　补郎　送　堂　然　送　绕
Mizqyus buxlaez songs dangz raanz haec rauz.
没有　谁　送　到　家　给　我们

没有谁帮我们送到家。

抗　住　补　力　女
Gaangl* xul bux reengz mbegt,
中　城　人　力气　妇女

城中有力气大的妇女，

儿　住　补　力　翁
Leg xul bux reengz hungl*.
儿　城　人　力气　大

城中有力气大的男人。

更　乍　酒　了　朵
Genl zal* lauc ndeeul doh,
吃　碗　酒　一　独

喝一碗满满的酒，

更 苦 酒 了 剩
Genl rogt* lauc ndeeul leil*,
吃 葫芦 酒 一 剩

喝一个葫芦的酒，

抬 独 牛 一 得
raaml duezxiez ndeeul ndaix.
抬 水牛 一 得

能一个人举起一头黄牛。

更 乍 酒 了 朵
Genl zal* lauc ndeeul doh,
吃 碗 酒 一 独

喝一碗满满的酒，

更 若 酒 了 多
Genl rogt* lauc ndeeul laail,
吃 葫芦 酒 一 多

能喝一葫芦酒，

抬 独 牛 一 得
Raaml duezwaaiz ndeeul ndaix.
抬 水牛 一 得

能一个人举起一头水牛。

三 十 补 央 拿 堂 统 送 绕
Saamlxib bux yiangh dez dangz dongh haec rauz,
三十 人 才 带 到 田坝 给我们

三十人才帮我们送到田坝，

四 十 补 央 送 堂 然 送 绕
Sisxib bux yiangh songs dangz raanz haec rauz.
四十 人 才 送 到 家 给我们

四十人才帮我们送到家。

走 坎 河 立 林
Byaaic gvaangs*dah lizlinz,
走 坎 河 快速状

抬树子的人快速地过河坎，

走 光 坝 立 赖
Byaaic gvaangs*dongh lizlail,
走 坎 田坝 快速状

快速地过田坝，

走 河 边 立 南
Byaaic henz dah lizlanz,
走 边 河 快速状

快速地过河岸，

走 光 园 立 赖
Byaaic gvaangs*sianl* lizlail.
走 坎 园 快速状

快速地过菜园。

那个　忙　败　报
Buxlaez hanl bail baaus*,
　谁　忙　去　报

哪个快去通报主家一声，

　好　郎　忙　败　说
Mbaaus* laez hanl bail nauz.
小伙　哪忙　去　说

哪个小伙快去告诉主家一声。

　斟　饭　绕　查雅
Nangc haux rauz zaz*yah,
　蒸　饭　我们　媳妇们

媳妇们快蒸饭，

妈　饭　绕　查媳
Mas* haux rauz zaz*baix,
泡　大米　我们　媳妇们

媳妇们快泡大米，

　斟　饭　乍　补客
Nangc haux xac buxyagt*,
　蒸　饭　等　客人

蒸饭等客人，

补客　夏　到　多
Buxyagt* xiah* dangz laail.
客人　来　到　多

客人来得多。

　斟　饭　乍　贯　才
Nangc haux xac gvais*zaaiz*,
　蒸　饭　等　树子

蒸饭等抬树的人，

贯　才　夏　到　绕
Gvais*zaaiz* xiah* dauc rauh.
树子　来　到　些

抬树的人多。

　光　饱要　烧　绕
Gvaangs* bausaaul sauh rauz,
所有　家族　些　我们

家族的人们，

查　兄弟　烧　扰
Zaz* bixnuangx sauh rauz.
们　弟兄　些　我们

兄弟姊妹们，

　哪　个　利　可　朋　垂　多
Wangx*laez ndil gueh beangz wanx* doh*?
哪个　好　做　地方　砍　到处

哪个负责请木匠？

哪　个　利　可　保　砍　铁
Wangx*laez ndil gueh baux* wanz* waz*①
　哪个　　好　做　保　　亮光

哪　　个　利　败　吵　补　长
Wangx*laez ndil bail ral buxxaangh②,
　　哪个　　好　去　找　匠人

马　利　跑　打　上
Max ndil yaad* dah genz,
马　好　跑　河　上

哪个负责保照明？

哪个负责去请匠人？

好马跑上游，

　上　坡　密　堂　寡
Ruangz bol miz dangz gvas*.
　下　坡　不　到　滑倒

马　利　跑　打　下
Max ndil yaad* dah lac,
马　好　跑　河　下

下坡不会滑倒。

好马跑下游，

　下　坡　密　堂　产
Ruangz bol miz dangz caanc*.
　下　坡　不　到　歪到

下坡不会歪倒。

　长　攸　这
Xaangh qyus nix,
　匠人　在　这

匠人在这里，

　长　攸　意
Xaangh qyus yis*,
　匠人　在　眼前

匠人在眼前，

　长　攸　定　攸　低
Xaangh qyus dinl qyus dih*,
　匠人　住　脚　住　那

匠人住寨脚，

　长　攸　四　天　路
Xaangh qyus sis ngonz ronl,
　匠人　住　四　天　路

匠人住在走四天路程的寨里，

---

①wanz* waz*，原意指"亮光"，这里指"照明"，指"路上的照明"。

②buxxaangh，指"匠人""木匠"，即打制棺材的木匠。

长　翁　初　轮补
Xaangh hungl* qyus ndanlbux,
匠人　大　住　寨里

匠人住在寨里，

长　乃　攸　务　住
Xaangh naih* qyus wus*xul.
匠人　小　住　边城

小木匠住在城边。

刀　别　牛　攸　夜
Mid biex* zeiz* qyus yiez*,
刀　挂　黄牛　在　腋

匠人刀挂在腋下，

别　细　弓　妈　下
Biex* sil* gungl* mal lac,
挂　从　腰　来　下

刀顺着腰往下挂，

放　细　卡　妈　下
Xuangs sil* gal mal lac,
放　从　腿　来　下

刀顺着腿挂，

帽　更　到　十　云
Mbaaus* genz dauc* sil*yinz*,
帽　上　倒是　威武

戴着帽子很威武，

央　若　纳　访　门　补长
Yiangh roxnac wangx* mengz buxxaangh.
才　认识　个　你　匠人

才知道你是匠人。

米　初　汝　长　更
Haux xos rail* xaangh genl,
饭　在　甄　匠人　吃

拿饭给匠人吃，

鱼　初　彭　长　犬
Byal xos benz xaangh dib*,
鱼　在　盆　匠人　吃

拿鱼给匠人吃，

央　长　犬　长　犬
Yams* xaangh dib* xaangh dib*,
叫　匠人　吃　匠人　吃

叫匠人吃饭匠人就吃饭，

定　长　更　长　更
Dinl* xaangh genl xaangh genl.
请　匠人　吃　匠人　吃

请匠人吃鱼匠人就吃鱼。

长　更　了
Xaangh genl leeux,
　匠人　吃　完

匠人吃好了，

长　妈　了
Xaangh muc* leeux.
　匠人　嚼　完

匠人嚼完了。

长　更　了　票　败
Xaangh genl leeux biauc* bail,
匠人　吃　完　收捡　去

匠人吃好就收捡餐具，

长　问　哥　长　来
Xaangh hams gah xaangh laez?
匠人　问　价　摩师　哪

匠人问他做木匠的价格是
多少？

长　问　台　长　宽
Xaangh hams daix* xaangh goons?
匠人　问　酬劳　匠人　先

匠人问他做木匠的酬劳是
多少？

哥　姑　厘　密　日
Gah gul lix miz yaaiz*?
价　我　有　不　齐全

我做木匠的礼物齐全吗？

台　姑　才　密　猫
Daix*① gul xaaiz* miz maus*?
酬劳　我　齐全　不　助

我做木匠的酬劳齐全吗？

哥　儿　哥　密　厘
Gah laez gah mizlix?
价　哪　价　没有

你②的什么价格没有？③

台　儿　台　密　才
Daix* laez daix* miz xaaiz*?
酬劳　哪　酬劳　不　齐全

你的什么酬劳不齐全？

官　要　麻　可　台
Goons aul maz gueh daix*?
先　拿　啥　做　酬劳

从前拿什么做酬劳？

---

①daix*，多义词，有"酬劳""礼物""价格""金钱"等义，这里指"酬劳"。
②"你"，指"匠人"。
③这句是一种反问，这句及下句的意思是说，支付给摩师的酬劳都有，礼物齐全。

升　米　散　可　台
Singl* hauxsaanl gueh daix*,
　升　　大米　　做　酬劳

一升 ① 大米做酬劳，

半　　米谷　　可　台
Buangl* hauxgaagt* gueh daix*,
　半斗　　稻谷　　做　酬劳

半斗 ② 稻谷做酬劳，

骨　米猪　可　台
Ndos hauxmul gueh daix*,
　骨　熟食猪　做　酬劳

猪排骨做酬劳，

酒　九　月　可　台
Lauc gucnguad gueh daix*,
　酒　　九月　　做　酬劳

九月酿的酒做酬劳，

骨　米漆　可　台
Ndos hauxries* gueh daix*,
　骨　小米　做　酬劳

拿小米做酬劳，

酒　七　月　可　台
Lauc xeedtnguad gueh daix*,
　酒　七月　　做　酬劳

七月酿的酒做酬劳，

　母　鸡乃　问　茹可　台
Meehgaisnais* wanz*ruz gueh daix*,
　小母鸡　　短冠　　做　酬劳

短冠的小母鸡做酬劳，

公鸡乃　　问　红可　台
Buxgaisnais* wanz*ndingl gueh daix*.
　小公鸡　　红冠　　做　酬劳

红冠的小公鸡做酬劳。

皆　的　哥　门　得
Gaais ndil gah mengz ndaix,
　的　好　价　你　得

好的价格你已经得，

皆　的　台　访　门　补长
Gaais ndil daix* wangx* mengz buxxaangh.
　的　好　酬劳　个　你　匠人

好的酬劳是匠人的。

---

① 升，是布依族古代的一种量米容器，方形，有底，一升大米约重 2 公斤。
② 半斗，约有 10 公斤。

补 长 养 补 长
Buxxaangh yaangc buxxaangh,
　匠人　助　摩师

匠人呀匠人，

补 长 堂 亢 典 林 修
Buxxaangh dangz gaangl*dianh* liz* zuaih*
　匠人　到　院坝　快　放

匠人立即到院坝摆出

林 莱
liz* mbiadt*,
　快 摆

做木工的工具，

索 墨 牵 败 宽
Zaag* mog zingl* bail goons,
　绳 墨 牵 去 先

绳墨先拉直，

尺 子 梭 敢 后
Fah*zigt* xos baail langl.
　把 尺 在 面 后

尺子后面量。

多 化 笠 补 沟
Dos* wal* gab* Buxmengl*,
打制 盖 盖笠 山沟里的人

打制山沟里人的盖板，①

落 巴 可 门 长
Dos* bas gueh mengz xaangh,
打制 口 做 你 匠人

打制匠人口授的用具，

多 化 书 补 汉
Dos* wal* sel Buxhas.
打制 盖 书 商人

打制商人的书柜。

风 等 内 密 出
Romz dais ndael miz os,
　风 从 里 不 出

风从里面不会透出来，②

风 等 外 密 敖
Romz dais roh miz hauc.
　风 从 外 不 进

外面的风进不去。

---

① 这句及以下两句，是匠人回答别人问他会打制什么东西。
② 这句及以下几句，是说明打制的棺材质量很好。

怕　门　攸　密　热
Laaul mengz qyus miz rauc，
怕　你　在　不　暖

怕你住不暖和，

怕　门　告　密　利
Laaul mengz gaul* miz ndil，
怕　你　睡　不　好

怕你睡不好，

洒　萌　川　密　出
Senz* daml* zuanh* miz os.
根　柄　穿　不　出

衣服不够穿。

补哪　由　吊　　鼓
Buxlaez qyus rianl* guangl*①，
哪个　在　吊　　鼓

哪个在吊皮鼓，

补哪　董　吊　琴
Buxlaez rox rianl* nyinz*?
哪个　会　吊　铜鼓

哪个会吊铜鼓？

姑　说　树　儿　老
Gul nauz sul legrauh*，
我　说你们 年轻人

我②说你们年轻人，

上　细　打　败　尚
Henc sil* dah bail genz，
上　顺　河　去上游

顺河往上游走，

成　细　打　败　那
Zenz* sil* dah bail nac.
玩　顺　河　去前面

顺河往上游去。

闯　个　明　　了　茹
Zabt* gol mbinx* ndeeul roz，
遇　棵　歪　　一　干

遇到一棵歪了的树，

闯　个　茹　了　断
Zabt* gol roz ndeeul ragt*.
遇　棵　干　一　断

遇到一棵干了的树。

---

①guangl*，指"皮鼓"。下句的"nyinz*"指"铜鼓"。
②"我"，指"摩师"。

利 可 鸭 仙 躲
Ndil gueh didt* xianl* ruz*,
好 做 棒 仙 槽

树好做粑槽中的打粑棒，

齐 成 鸭 信 躲
Jiz* banz didt* xianl* ruz*.
就 成 棒 仙 槽

就成粑槽中的打粑棒。

利 可 鹅 领 董
Ndil gueh aans* linx* dongh*,
好 做 棒 粑棒槌

树好做粑棒槌，

齐 成 鹅 领 董
Jiz* banz aans* linx* dongh*.
就 成 棒 粑棒槌

就成粑棒槌。

利 可 独 董 死
Ndil gueh duz* dongc* daaih*,
好 做 桶横梁

树好做桶横梁①，

齐 成 独 董 死
Jiz* banz duz*dongc*daaih*.
就 成 桶横梁

就成桶横梁。

风 木 壤 木 列
Romz faixrais* faixliel*,
风 板栗树 毛栗树

风吹板栗树毛栗树，

媳 台 七 台 八 门 完
Baex dazxadt dazbeedt mengz hanx*.
媳 第七 第八 你 那

你那第七第八个媳妇。

风 木 弄 木 抬
Romz faixndongl* faixraaml*,
风 泡桐树 梧桐树

风吹泡桐树梧桐树，

媳 台 八 台 九 门 完
Baex dazbeedt dazguc mengz hanx*,
媳 第八 第九 你 那

你那第八第九个媳妇。

―――――――――――

① 桶横梁，指木桶上的横梁。

排 焉 友 排 浪
Baex raabt qyus baaih langl,
媳 挑 在 边 后

挑东西走在后面的媳妇，

排 拿 友 排 黑
Baex gaml qyus baaih wanx*.
媳 握 在 边 那

站在那里的媳妇。

排 董 友 排 又
Baix dangl* qyus baaih raabt,
媳 拖 在 边 挑

拖东西挑东西的媳妇，

得 又 若 议 董 门 响
Dezraab roxnyiel dangl* mengz ndangl*,
得友 听到 棒 你 响

得友① 听到你的棒子响，

得 又 到 磋 怒
Dezraab dauc zos* nul*.
得友 来 在 鼠

得友来赶鼠。②

得 入 若 议 董 门 响
Dezruz roxnyil dangl* mangz nangl*,
得儒 听到 棒 你 响

得儒听到你的棒子响，

得 入 到 磋 肉
Dezruz dauc ruans* noh.
得儒 来 切 肉

得儒来切肉。

菜 大 当 林 磋
Byagt dal* dangc linz*zos*,
菜 大 放 摆着

大菜摆在桌上，

菜 告 上 败 老
Bygt gaauh* henc bail rauh.
菜 个 上 去 些

一个一个的菜摆上桌。

纳 门 光 皮 让 於 败
Nac mengz guangs*bix* haec yiz* bail,
脸 你 顺着 让 也 去

该去的人就去咯，

①"得友"及下句的"得儒"，均为人名，这里统指寨上来帮忙的人。
②这句及以下几句，指寨上的人来帮忙做事。

· 065 ·

浪　门　壅　皮　董　於　败
Ndaangl mengz ruaml* bix* dongh yiz* bail.
　身　你　顺着　　田坝　也　去

该走的人就走咯。

写　可　乃　田　望
Raaiz gueh raaih* naz wangc*,
　写　做　块　田　山冲

变成山冲里的田，

写　可　堆　田　者
Raaiz gueh buangc* nazjieh*,
　写　做　层叠　泡水田

变成泡水田，

写　可　母　牛　过
Raaiz gueh meeh waanz gvas.
　写　做　母　水牛　过

变成雌（母）水牛。①

常　磋　可　把　羊　败　可
Zamx* xos gueh fahqyaangx bail gos*,
　刚才　在　做　把大刀　去　祭祀

刚才都用大刀祭祀了，②

重　墓　上
Zuangh* mol genz,
　所有　摩经　上面

上面摩经所说到的内容，

堂　才　厘　枯　密
Dangz zaiz*nix gul miz,
　到　　这里　我　不

我③到这里就不知道了，

惰　败　上　墓　当
Doc* bail saangl mol dangs.
　留　去　上　《嘱咐经》

留到《嘱咐经》上去念。

---

① 以上几句，比喻人去世后变成了良田、动物等。
② 这句喻指所有需要祭祀的内容，都用大刀（法刀）祭祀过了，主家吉利了。
③ "我"指"摩师"。

MOL DANGS ／墓当^①经

汪　内　树　八　壬
Weangs* ndael suz*baz*ridt*,
　间　里　这　一间

里面^② 这一间的人，

汪　请　树　八　饮
Weangs*ridt* suz*baz*didt*,
　间　内　这　一间

里边这一间的人，

八　壬　议　风　饮
Baz* ridt* nyiel rumz didt*,
　里　间　听　风　来

听到大风来了，

八　饮　议　风　利
Baz* ridt* nyiel rumz dil*,
　里　间　听　风　到

听到大风要来，

议　文　利　姑　话
Nyiel wenz nix gul haaus,
　听　人　这　我　话

听我^③来说话，

议　好　利　姑　说
Nyiel mbaaus* ndil gul nanz,
　听　漂亮　好　我　说

听我把话说。

汪　内　树　八　壬
Weangs* ndael suz* baz*ridt*,
　间　里　这　一间

里面这一间的人，

---

　　①"墓当"，布依语，即嘱咐，是摩师在老年人去世时嘱咐在世的家人，特别是年轻人，要规规矩矩做人、明明白白做事，做有成就的人，不做偷鸡摸狗、不干不净的人所用的经书。

　　②"里面"，指"堂屋"。布依族人一般都在堂屋里举行祭祀仪式。

　　③"我"，指"摩师"。"说话"，指"做摩活动"。

汪　请　树　八　乃
Weangs* ridt* suz*baz*rais*,
　间　里　这　一间

里边这一间的人，

八　饮　议　风　乃
Baz* ridt*nyiel rumz rais*,
　里　间　听　风　来

听到微风要来了，

八　乃　议　风　利
Baz*ndael nyiel rumz dil*.
　里　间　听　风　到

听到微风要到了，

议　文　利　姑　当
Nyiel wenz nix gul dangs,
　听　人　这　我　嘱咐

听我来嘱咐，

议　好　利　姑　说
Nyiel mbaaus* nix gul nauz.
　听　漂亮　这　我　说

听我把话说。

排厘　坝　纳下厘崩
Baiznix raaih*naz lac nix lams*,
　这次　块　田下　这垮

这次下边的田坎垮，

颇　安　客　安　而　厘　死
Boh aangs yagt* aangs leix* nix daail,
父　高兴　客　高兴　客　这　去世

热情好客的这位父亲① 去世，

颇　拿印　拿牌　厘　郎
Boh gamlinl gamlbaaiz* nix lamz.
父　握印　握牌　这　倒

手握印牌的这位父亲倒下。

排厘　坝纳　下　厘　汤
Baiznix donghnaz lac nix dams*,
　这次　　田坝　下　这　倒塌

这次下边田坝的田坎倒塌，

颇　瓜　董　瓜　羊　厘　死
Boh gvas dongh gvas yaaiz* nix daail,
父　过　坝　过　野外　这　去世

经常过田坝的这父去世，

①"这位父亲"，指"逝者"。

颇　拿印　拿牌　厘郎
Boh gamlinl gamlbaaiz* nix lamz.
父　握印　握牌　这倒

手握印牌的这位父亲倒下。

　堂　天　井　於　密蒲胎
Dangz dianh* seic*yiz* miz bux daix*,
　到　地点　院坝　没人讲话

院坝里无人来讲话，

　堂　门　么　於　密蒲　走
Dangz dul naih* yiz* miz bux byaaic.
　到　门　小　也　没人　走

小门也无人进出。①

　堂　天　井　於　密蒲　若
Dangz dianh*seic* yiz* miz bux ros*,
　到　地点院坝　也　没人打招呼

院坝里没人来打招呼，

　当　董　看　於　密蒲　盘
Dangz dongh roongh yiz*miz bux baanx*,
　到　坝　亮　也　没人　陪伴

在明亮的地方也无人陪伴。

风　笑　永
Rumz reeul* ridt*,
风　吹　急

风吹急，

卡　混　长
Gal guadt*raiz*,
脚步　声

只听见脚步声，

卡　皆　等
Gal gais bidt*,
脚　鸡　声音

只听见鸡刨食的声音，

皆　等　叫
Gais bidt* hanl,
鸡　声音　鸣

只听见鸡鸣的声音，

皆　叫　园
Gais haul sunl*.
鸡　鸣　菜园

鸡在菜园鸣。②

---

① 这句比喻无人来探视。
② 以上这一段，喻指有老人已经去世。

猪 腊 忍 三　　管
Mul lez ridt* saaml guadt*,
　猪 儿 有　三　准备杀

三头小猪也杀了，

母　鹅 老 好 弄　六　降
Meeh haans laaux haux nuangs* rogt jiangl*.
　母 鹅　大 粮食 准备　六　只

六只母鹅也杀了。

猪 腊 忍 三　　管
Mul lez ridt* saaml guadt*,
　猪 儿 有　三　准备杀

三头小猪也杀了，

母　鹅 老 好 弄　七　降
Meeh haans laaux haux nuangs* xadt liangl*,
　母 鹅　大 粮食 准备　七　只

七只母鹅也杀了，

堂 那 皆 鬼 笑
Dangz nac gaais* leg reul*,
　到　面前的　儿 笑

杀鸡鸭了儿高兴，

清　卡　光
Sael* gah guangs*.
干净 自　清爽

儿有脸有面。

黑　磨　若
Labtmos rongz,
　浓雾　下

浓雾下，

鸭 鹅 扶 满 送
Bidt haans wex* riml songs,
　鸭 鹅 所有 满 送

主人家亲戚送鸭鹅来，

猪 羊 扶 满 往
Mul yongz wex* riml wangc*,
　猪 羊 所有 满 山冲

送猪羊来，

鸭 鹅 扶 满 田
Bidt haans wex* riml naz,
　鸭 鹅 所有 满 田

鸭鹅满田坝，

猪 狗 扶 满 董
Mul mal wex* riml dongh.
　猪 狗 所有 满 田坝

猪狗满田坝。

儿　门　永　铁　弄　姑　议
Leg mengz ridt* faz rongl* gul nyiel,
儿　你　摇　壁　门　我　听

我听到你儿摇壁门，①

　旁　化　一　姑　起
Buangx* fal yeeuh gul runs,
　拍　壁　叫　我　起

拍壁门叫我起床，

永　铁　弄　姑　坛
Ridt* fal rongl* gul danx*,
摇　壁　门　我　知

摇壁门让我知，

　旁　化　然　姑　起
Buangx* fal raanz gul runs.
　拍　壁　屋　我　起

拍屋门我起床。

永　姑　起　姑　起
Ridt* gul runs gul runs,
摇　我　起　我　起

叫我起床我起床，

　保　姑　若　姑　若
Buangx* gul rox gul rox.
　拍　我　知　我　知

拍门让我知。

永　姑　起　要　麻
Ridt* gul runs aul maz?
要　我　起　要　什么

叫我起床了你来要什么？②

　保　姑　若　要　麻
Buangx* gul rox aul maz?
　拍　我　知　要　什么

拍我起床你来要什么？

明　天　明　改　麻
Ngonzxoh ngonz gaecmaz?
　明天　天　什么

明天是什么日子？

明　天　明　居　李
Ngonzxoh ngonz jis manc,
　明天　天　枝　李子

明天是李子枝的日子，③

---

①"我"，指"摩师"。这句指去世者的儿子来找摩师去做祭祀。"摇壁门"及下句的"拍壁门"意思相同。下句的"拍"，指"拍摩师家的壁门"。"壁门"，指"用竹篾编成的壁和门"。

②这句及下句是摩师在发问。

③这句及下句是一种比喻，比喻是李子枝的日子就说李子枝的事，有其他事就说其他事。下同。

董　败　说　居　李
Dongx* bail nauz jins* manc,
　就　　去　说　枝　李子

就去说李子枝的事，

托　死　送　姑　当
Zuangh* daail haec gul dangs.
　桩　死　让　我　嘱咐

这桩事 ① 请我去做法事。

明　天　明　改　麻
Ngonzxoh ngonz gaecmaz?
　明天　　天　什么

明天是什么日子？

明　天　明　居　立
Ngonzxoh ngonz jins* liz,
　明天　　天　枝　梨

明天是梨子枝的日子，

董　败　说　居　立
Dongx* bail nanz jins* liz,
　就　　去　说　枝　梨

就去说梨子枝的事，

托　死　利　姑　当
Zuangh* daail nyiel gul dangs.
　桩　死　听　我　嘱咐

这桩法事听我来嘱咐。

科　问　科　姑　来
Gueh hams gos gul laez?
　做　问　酬劳　我　多少

我 ② 问一下做法事的酬劳
是多少？

姑　问　台　姑　官
Gul hams daix*③ gul goons,
　我　问　酬劳　我　先

我先问一下我做法事的
酬劳是多少？

科　姑　厘　密　曰
Gueh gul lix miz yaaiz*?
　做　我　有　无　酬劳

我做法事的酬劳有没有？

台　姑　才　密　猫
Daix* gul zaix* miz maus*?
酬劳　我　齐　不　齐

我做法事的酬劳齐不齐？

---

① "这桩事"，指"主人家老父去世的事"。

② "我"，指"摩师"。

③ daix*，指付给摩师的酬劳。酬劳有时是钱，有时是礼物，如大米、布匹、鸡鸭或猪肉等。Daix* 有酬劳、礼物等义。

科　郎　科　密　厘
Gueh langl gueh mizlix?
做　后　做　没有

我做法事之后有酬劳没有？

台　而　台　密　才
Daix* laez daix* miz zaiz*?
酬劳　哪　酬劳　没齐

各种酬劳齐全吗？

官　要　麻　可　台
Goons aul maz gueh daix*?
从前　拿什么　做　酬劳

从前拿什么做酬劳？

升　米　散　可　台
Singl* hauxsaanl gueh daix*,
升　大米　　做　酬劳

一升大米做酬劳，

半　　米谷　可　台
Buangh* hauxgas gueh daix*,
半斗　稻谷　做　酬劳

半斗稻谷做酬劳，

骨　米猪　可　台
Ndos hauxmul gueh daix*,
骨　猪　做　吃

猪排骨做酬劳，

酒　九月　可　台
Lauc gucnguadt gueh diax*,
酒　九月　做　酬劳

九月酿的酒做酬劳，

骨　米漆　可　台
Ndos hauxridt* gueh daix*,
骨头　小米　做　酬劳

贵重的小米做酬劳，

酒　七月　　可　台
Lauc xadtnguagt gueh daix*,
酒　七月　做　酬劳

七月酿的酒做酬劳，

十一　把　米田　可　台
Xibidt gaml hauxnah* gueh daix*,
十一　把　糯谷　做　酬劳

十一把糯谷做酬劳，^①

---

① 布依族地区在收取糯谷时，是先把糯谷的秆连稻穗一起摘下来，然后捆成一把一把地挂在梁上晾晒，晒干后才进行脱粒。

十　二　化　　米　荡　　可　台
Xibngih waz* hauxdaangs* gueh daix*,
　十二　簸箕　　大米　　做　酬劳

十二个簸箕装的大米做酬劳，

二　　二　轮　皆　鸭可台
Ngih xibngih ndanl jaisbidt gueh daix*,
　二　十二　个　　鸭蛋　做　酬劳

二十二个鸭蛋做酬劳，

一　一　轮　皆七　可台
Xibidt ndanl jaisgais gueh daix*,
　十一　个　　鸡蛋　做　酬劳

十一个鸡蛋做酬劳，

母　鸡　乃　问　茹可台
Meeh gaisnais* wanz*ruc* gueh daix*,
　母　小鸡　嫩　冠　做　酬劳

长嫩冠的母鸡做酬劳，

公　鸡　乃　问　红可台
Bux gaisnais* wanz* ndingl gueh daix*,
公　小鸡　嫩　红　做　酬劳

长红冠的公鸡做酬劳，

放　羊　乃　荡　金杖腰可台
Xos qyaangx nais* daaml jiml zaangc*headt gueh daix*,
放　法刀小　柄　金　撑腰　做　酬劳

刀柄镶金的法刀做酬劳，

魂　分　三　百　放可台
Wanl banl saamlbas xos gueh daix*,
　谷种成　三　百　给　做酬劳

三百挑稻谷种① 做酬劳，

魂　菜　三　百　尾可台
Wanl byagt saamlbas ngoih gueh daix*.
　种　菜　三　百　内核　做　酬劳

三百粒菜籽种做酬劳。

哥　姑　等　姑　得
Gueh gul dianc* gul ndaix,
　做　我　该得　我　得

我去做法事我得酬劳，

台　姑　才　姑　当
Daix* gul zaiz* gul dangs,
　酬劳　我　齐　我　嘱咐

我的酬劳齐全我去做嘱咐②，

---

① 三百挑稻谷种，不是实指，是形容酬劳多。
② "嘱咐"，指"祭祀"。

哥　姑　等　姑　肯
Gueh gul dianc* gul genx*,
　做　我　该　得　我　去

该我得的酬劳我去做法事，

算　姑　利　姑　当
Suns* gul ndil gul dangs,
　算　我　好　我　嘱咐

得好的酬劳我去做嘱咐，

起　穿　裙
Runs danc winc,
　起　穿　裙

起来穿裙子，①

起　穿　过
Runs danc wah*,
　起　穿　衣服

起来穿衣服，

到　挠　讲　立　那　败　彭
Dauc rauz gaangc liz*langc* bail beangz.
　来　咱　讲　快速　去　地方

来我们去说做祭祀的事。

起　穿　裙
Runs danc winc,
　起　穿　裙

起来穿裙子，

起　穿　巫
Runs danc wuz*,
　起　穿布衣服

起来穿布做的衣服，

到　挠　讲　立　鲁　败　彭
Dauc rauz gaangc liz*luh* bail beangz.
　来　咱　讲　快速　去　地方

来我们去说做祭祀的事。

起　穿　补　边　改
Runs danc baeh bianl* gaix*,
　起　穿　衣　拴　衣带

起来拴好衣带，

起　卡　补　边　细
Runs gabt* baeh bianl* sil*,
　起　系　衣　拴　纽扣

起来扣好纽扣，

①从这句起，是摩师对亡灵说的话。

抬 面 议 姑 当
Qyol* nac nyiel gul dangs.
抬 脸 听 我 嘱咐

抬头听我嘱咐。

起 穿 补 边 改
Runs danc beah bianl* gaix*,
起 穿 衣 拴 衣带

起来拴好衣带,

起 卡 补 二 边
Runs gabt* beah soongl biangx*.
起 系 衣 两 块

起来合上衣服,

丈 力 议 姑 当
Zaangc* reengz nyiel gul dangs.
撑起 力 听 我 嘱咐

撑起听我嘱咐。

起 穿 补 边 改
Runs danc beah bianl* gaix*,
起 穿 衣 拴 衣带

起来拴好衣带,

起 卡 补 边 桃
Runs gabt* beah biangx* daaux*,
起 系 衣 拴 衣襟

起来系好衣襟,

舒 头 议 姑 当
Ruail*jauc nyiel gul dangs.
梳头 听 我 嘱咐

梳头听我嘱咐。

起 穿 补 边 材
Runs danc beah biangx* zaaiz*,
起 穿 衣 拴 裁

起来穿好自裁的衣服,

穿 鞋 议 姑 当
Danc haaiz nyiel gul dangs.
穿 鞋 听 我 嘱咐

穿鞋听我嘱咐。

起 穿 补 边 草
Runs danc beah biangx*weangz*,
起 穿 衣 皱褶

起来穿好皱褶的衣服,

败　彭　卖　姑　当
Baaihbeangz[1] mail* gul dangs.
大家　　听　我　嘱咐

大家都听我嘱咐。

儿　密　落　手　邦　送　门
Leg miz duagt*[2] xeenz bangl* haec mengz,
儿　不　留　钱　些　给　你

你儿不送钱给你[3]，

妈　姑　落　手　邦　送　门
Mal gul duagt* xeenz bangl* haec mengz.
来　我　留　钱　些　给　你

我来送钱给你。

儿　密　当　手　去　送　门
Leg miz dangs xeenz jis* haec mengz,
儿　不　嘱咐　钱　祭　给　你

你儿不汇钱给你，

妈　姑　当　手　去　送　门
Mal gul dangs xeenz jis* haec mengz.
来　我　嘱咐　钱　祭　给　你

我来汇钱给你。

落　手　邦　优　利
Duagt* xeenz bangl* qyus nix,
留　钱　些　在　这

祭钱在这里，

当　手　去　送　颇　败　仙
Dangs xeenz jis* haec boh bail sianl*.
嘱咐　钱　祭　给　父　去　仙

祭钱给你去升天。

落　手　邦　优　变
Duagt* xeenz bangl* qyus biangh*,
留　钱　些　在　旁边

祭钱在旁边，

当　手　变　送　颇　败　仙
Dangs xeenz biangh* haec boh bail sianl*.
嘱咐　钱　些　给　父　去　仙

祭钱给你去升天。

改　堂　米　败　纳
Gedt* dangz haux bail naz,
送　到　粮食　去　田

送稻种去田里，

_____

①baaihbeangz，原意指"各地"，这里泛指"大家""听众"。
②duagt*，原意指"落"，这里指"留"。下同。
③"你"，指"去世者"；"钱"指"祭祀的冥币"。下同。

米　陈　乍　齐　壤
Haux banz zal* jiz*raadt*.
粮食　成　碗　　很快

粮食很快就到碗里。

改　　堂　鱼　败　井
Gedt* dangz byal bail mbos,
撒　　到　鱼　去　井

放鱼苗到井里，

鱼　败　所　水　热
Byal bail xos ramx rauc.
鱼　去　在　水　暖

鱼去水暖处。

改　　堂　颇　败　彭
Gedt* dangz boh bail beangz,
送　　到　父　去　地方

送父去仙境，

敖　相　龙　密　刀
Hauc siangl*luangz* miz daaus.
进　　仙龙　　不　回

去仙龙①不回转。

改　　堂　米　败　纳
Gedt* dangz haux bail naz,
送　　到　粮食　去　田

送稻种去田里，

米　陈　乍　齐　壤
Haux banz zal* jiz*raadt*.
粮食　成　碗　　很快

粮食很快就到碗里。

改　　堂　鱼　败　井
Gedt* dangz byal bail mbos,
撒　　到　鱼　去　井

撒鱼苗去井里，

鱼　败　所　腊　石
Byal bail xos lac rinl.
鱼　去　在　下　石

鱼在石头下。

改　　堂　颇　败　彭
Gedt* dangz boh bail beangz,
送　　到　父　去　地方

送父去仙境，

①"仙龙"，指龙居住的地方，是很好的地方，以下的"仙衙"，也是指很好的地方。

布依族摩经典籍译注系列

朝然经

敖　衙　仙　密　刀
Hauc ngazsiangl* miz daaus.
去　仙衙　　不　回

去仙衙不回。

颇　他　儿　睡　完
Boh ndagt* leg ninz ngonz,
父　别人　儿　睡　天

别人家的父亲睡一天，

睡　排　厘　堂　化
Ninz baiz nix dangz wax*.
睡　次　这　到　亮

这父这次要睡到天亮。

儿　他　　颇　睡　完
Leg ndagt* boh ninz ngonz,
儿　别人　父　睡　天

别人家的父亲睡一天，

睡　排　厘　百　岁
Ninz baiz nix bas bil.
睡　这次　百　年

这父要睡一百年，

酒　克　牛　门　得
Lauc gael* zez* mengz ndaix ,
酒　滴　黄牛　你　得

用于喂黄牛的酒你得喝，

牛　克　厘　门　得
Zez* gaez* nix mengz ndaix.
黄牛　这些　你　得

这些黄牛你已得。

字　写　菜　度　汤　门　得
Sel raaiz mbagt*dul daangs mengz ndaix ,
字　写　　门框　窗　你　得

贴在门窗上的字画你已得，

字　丢　房　又　然　门　得
Sel ridt* fanx* qyus raanz mengz ndaix ,
字　粘　灵房　在　屋　你　得

贴在灵房上的字画你已得，

教　诺　南　门　得
Rianl* ros*nanx* mengz ndaix ,
吊　屋中　　你　得

吊在堂屋中的字画你已得，

卡　抗　米　正月　门　得
Gas qyingx* haux ndianlxiangl mengz ndaix ,
谷　炕　米　正月　　你　得

正月拿炕在炕上的大米你已得，

乾　荡　酒　荡　岩　早
Jiangz* daangl* lauc daangl* ngaaiz hadt
三脚架　烫　酒　烫　早饭　早

热酒做饭的三脚架

晚　门　得
hamh mengz ndaix.
晚　你　得

你已得。

光　切　米　败　纳　门　得
Guangs* xos haux bail naz mengz ndaix,
小饭箩　装　饭　去　田　你　得

装饭去田里吃的小饭箩你已得,

锅　可　米　早　晚　门　得
Gval gueh haux hadt hamh mengz ndaix,
锅　做　饭　早　晚　你　得

做早晚饭的锅你已得,

光　切　米　败　等　门　得
Guangs* xos haux bail biangh* mengz ndaix,
小饭箩　装　饭　去　野外　你　得

装饭去野外劳动的小饭箩你已得,

忍　朝　米　早　晚　门　得
Redt* saauz* haux hadt hamh mengz ndaix,
筲箕　滤　饭　早　晚　你　得

早晚滤饭的筲箕你已得,

光　切　米　败　界　门　得
Guangs* xos haux bail jail mengz ndaix,
小饭箩　装　饭　去　远　你　得

装饭去远处吃的小饭箩你已得,

正　煮　米　早　晚　门　得
Rail* nangc haux hadt hamh mengz ndaix,
甑子　蒸　饭　早　晚　你　得

早晚蒸饭的甑子你已得,

光　切　米　败　天　门　得
Guangs* xos haux bail mbenl mengz ndaix,
小饭箩　装　饭　去　天　你　得

装饭去天上吃的小饭箩你已得,

彭　切　米　早　晚　门　得
Benz xos haux hadt hamh mengz ndaix,
盆　装　饭　早　晚　你　得

早晚装饭的盆你已得,

光　切　米　败　雍　门　得
Guangs* xos haux bail wangc* mengz ndaix,
小饭箩　装　饭　去　山冲　你　得

装饭去山冲劳动的小饭箩你已得,

闯　荡酒荡　岩　早
Xuangz* dangc lauc dangc ngaaiz hadt
桌　放酒　放　早饭早

早晚摆放酒和饭的桌子

晚　门　得
hamh mengz ndaix，
晚　你　得

你已得，

董　树杪　门　得
Duangc* faix sah* mengz ndaix，
桶　杉树　你　得

杉树做的桶你已得，

师犁在　犁朝　门　得
Sil* fahzail* fahzaauz* mengz ndaix.
助犁　耙　你　得

犁和耙你已得。

······

······

去姑去　得　长
Jis* gul jis* ndaix zaiz*，
记我记　得　齐

我①数（记）得齐全，

去姑去　长　送
Jis* gul jis* ziz* songs，
记我记　就　送

我记到的都全部送给你，

颇厘请　得　了
Boh nix sinx* ndaix leeux.
父这全部　得　了

这父样样得齐了。

······

······

兄弟　左　门　重
Bixnuangx xos mengz ndagt*，
兄弟　在　你　商量

兄弟来商量，

兄弟　商　可　床
Bixnuangx sangh* gueh zuangz*②，
兄弟　商量　做　祭祀

兄弟商量做祭祀，

①"我"，指"摩师"。

②zuangz*，原义指"桌子"，这里指"祭祀"。

丘　弄　重　门　扰
Jiuh*ndoongl* ndagt* mengz rauh,
　亲家　　重视　你　些

亲家重视你，

丘　弄　到　同　商
Jiuh*ndoongl* dauc dungx sangh*,
　亲家　来　互　商量

亲家来商量，

密　内　死　颇　歹　相　挠
Miz laez daail boh daix* lumc rauz,
没　谁　死　父辛苦　像　咱

没有谁家的父亲像咱的父亲这样辛苦，

密　内　坏　补　老　相　挠
Miz laez waaih* buxlaaux lumc rauz.
没　谁　坏　　老人　像　咱

没有谁家的父亲像咱家父亲这样不幸。

……

……

颇　死　密　戌　麻
Boh daail miz senx* maz,
父　死　不　差　啥

父去世不差啥，

颇　死　密　戌　然
Boh daail miz senx* raanz.
父　死　不　差　屋

父去世不差屋。

……

……

字　败　问　堂　寨
Sinl bail hams dangz mbaanx,
信　去　问　到　寨

信①去寨上问，

寨　竹　抬　磨　以
Mbaanx zux* raaml maz fih?
寨子　同意　抬　了　没有

寨子同意过②没有？

字　败　问　朝　门
Sinl bail hams duljingz*,
信　去　问　朝门

信去问朝门，

---

① "信"，人名。是寨上来帮忙做事的人。
② "过"，指"经过"。下同。

朝门　送　拿　瓜　磨　以
Jingz* haec dez gvas maz fih?
　朝门　　让　抬　过　了　没有

　　　　　　　　　　　　　　　　　朝门让过没有？

　字　败　问　所　打
Sinl bail hams sox*dah,
　信　去　问　　渡口

　　　　　　　　　　　　　　　　　信去问渡口，

　所　打　送　拿　瓜　这　磨　以
Sox*dah haec dez gvas nix maz fih?
　河岸　　让　抬　过　这　了　没有

　　　　　　　　　　　　　　　　　河岸让过没有？

　字　败　问　定　内
Sinl bail hams dinlndaul*①,
　信　去　问　　山梁

　　　　　　　　　　　　　　　　　信去问山梁，

　　孬　　土　除　磨　以
Bianc* naamh zux* maz fih?
　　片　　土地　同意　了　没有

　　　　　　　　　　　　　　　　　山梁同意过没有？

　字　败　问　堂　寨
Xinl bail hams dangz mbaanx,
　信　去　问　到　寨

　　　　　　　　　　　　　　　　　信去问寨上，

　　寨　竹　抬　妈　了
Mbaanx zux* raaml ma leeux.
　　寨　同意　抬　助　了

　　　　　　　　　　　　　　　　　寨上同意过了。

　字　败　问　朝　门
Sinl bail hams duljingz*,
　信　去　问　　朝门

　　　　　　　　　　　　　　　　　信去问朝门，

　朝　门　送　拿　瓜　寨
Duljingz* haec dez gvas mbaanx.
　朝门　　让　带　过　寨

　　　　　　　　　　　　　　　　　朝门同意过了。

　字　败　问　所　打
Xinl bail hams sox*dah,
　信　去　问　渡口

　　　　　　　　　　　　　　　　　信去问渡口，

---

①dinlndaul*，指"山梁""山垭口"。

所 打 送 拿 过 妈 了
Sox*dah haec dez gvas ma leeux.
渡口 让 抬 过 助 没有

渡口同意过了。

字 败 问 定 内
Sinl bail hams dinlndiaul*,
信 去 问 山梁

信去问山梁，

孬 土 除 妈 了
Bians* naamh zux* ma leeux.
片 土地 同意 助 了

山梁同意过了。

儿 他 拿 他 过 挞 打
Leg ngagt* dez ndagt* gvas wiz*dah,
儿 别人 抬 别人 过 岸 河

别人的儿抬父过河岸，

儿 门 拿 门 过 挞 打
Leg mengz dez mengz gvas wiz*dah.
儿 你 抬 你 过 岸 河

你儿也抬你过河岸。

儿 他 拿 瓜 挞 水
Leg ndagt* dez gvas waz* ramx,
儿 别人 抬 过 涉 水

别人的儿抬父过水，

儿 门 拿 门 瓜 挞 水
Leg mengz dez mengz gvas waz* ramx.
儿 你 抬 你 过 涉 水

你儿也抬你过水。

儿 他 佐 低 怯
Lag ndagt* dol* dih*zaamh*,
儿 别人 找 坟地

别人的儿找坟地，

儿 门 佐 低 怯
Leg mengz dol* dih*zaamh*.
儿 你 找 坟地

你儿也找坟地。

佐 低 怯 於 得
Zos* dih*zaamh* yiz* ndaix,
在 坟地 也 得

坟地也得了，①

① 以下这一段是介绍找坟地的过程。布依族民俗观认为，有一块好的坟地，后代会吉利。这仅是一种民间传说而已。

三　低　怯　於　得
Saaml dih*zaamh* yiz* ndaix.
三　　坟地　　也　得

好坟地也得了。

低　山　落　拜　求
Dih*ndiaul* dugt* baaih diuz*,
坟向　　落　边　山凹

坟向对着山凹，

儿　怕　风　到　闯
Leg laaul rumz dauc zuangs*,
儿　怕　凤　来　吹

儿怕风来吹，

儿　密　滕　的　怯
Leg miz deg dih* zaamh*.
儿　没　看　上　坟地

儿看不上这块坟地。

低　山　落　抗　旺
Dih* ndiaul* dugt* gaangl* wangc*,
坟向　　落　中　山冲

坟向落山冲，

儿　怕　水　冲　泥　到　填
Leg laaul ramx zongl* naamh dauc wengc*,
儿　怕　水　冲　泥　来　覆盖

儿怕水冲泥来盖坟上，

儿　密　滕　的　怯
Leg miz deg dih*zaamh*.
儿　没　看　上　坟地

儿看不上这块坟地。

低　山　落　巴　双
Dih*ndiaul* dugt* bassoongl①,
坟向　　落　双垭口

坟向对着垭口，

儿　怕　牛　扶　到　任
Leg laaul waaiz wuz* dauc ridt*,
儿　怕　水牛　奔　来　撬

儿怕牛突然来撬。

儿　密　滕　的　怯
Leg miz deg dih*zaamh*.
儿　没　看　上　坟地

儿看不上这块坟地。

……

――――――――――

①bassoongl，组合词，bas 指口、嘴，soongl 指双、两，bassoongl 意为双垭口或两垭口。

低　文　多　兄弟
Dih* wenz laail bixnuangx,
坟　人　多　兄弟

兄弟多的家庭若父的坟地
选择不好，

低　兄弟　出门　同姓　秧地
Dih* bixnuangx os dul dungxsingl* jac rih,
坟　兄弟　出门　争抢　秧地

兄弟间就会争抢秧田，

低　媳妇　同姓　完若
Dih* yahbaex dungxsingl* wanzroz*,
坟　媳妇　争抢　织布机

媳妇们就会争抢织布机，

抵　兄弟　同姓　塘田
Dih* bixnuangx dungxsingl* damz naz,
坟　兄弟　争抢　塘田

兄弟间就会争抢塘田，

低　胎　大　同姓　鸭鹅
Dih* daais dal dungxsingl* bidt haans.
坟　岳父岳母　争抢　鸭鹅

岳父岳母就会争抢鸭鹅。

低　兄弟　出门　杀　獭　拿　败
Dih* bixnuangx os dul saz*laans* dez bail,
坟　兄弟　出门　请先生　带去

兄弟出门去请先生，

笠　补　麻　若低
Habt* bux maz rox dih*?
去　人什么会坟向

什么人懂坟向知识？

笠　补　更　若抵
Gadt* bux genz rox dih*.
助　人　上会坟向

上游的人懂坟向知识。

利　补　麻　若低
Lix bux maz rox dih*?
有　人什么会坟向

什么人懂坟向知识？

利　补沙　若抵
Lix Buxsah* rox dih*.
有　沙人　会坟向

沙人[①]懂坟向知识。

---

① "沙人"，布依语，指古代的一个部落，今已消失。

豆　补　麻　若　低
Mal bux maz rox dih*?
助人　什么会 坟向

什么人懂坟向知识？

豆　补　更　若　低
Mal buxgenz rox dih*.
助　上游人 会 坟向

上游的人懂坟向知识。

夏　完　扛　伞　上
Qyus wanz* ged* liangc saangl,
住　地点 扛　伞　高

摩师家住在撑高伞的地方，

夏　完　抗　伞　邦
Qyus wanz* gaangl* liangc mbangl*.
住　地点　撑　伞　薄

摩师家住在撑薄伞的地方。

低　落　完　杀　熬
Dih* dugt* wanz* saz*aux*,
坟向 落　在　这里

坟向在这里，

落　羊　角　买　抵
Dugt* yongz gaul zeix* dih*.
落　羊　角 买　坟向

要拿羊角来买坟向。

抵　落　完　呵　凹
Dih* dugt* wangc* al wal*,
坟向 落　山冲 乌鸦 叫

坟向在乌鸦叫的地方，

落　猪　狗　买　抵
Dugt* mul mal zeix* dih*.
落　猪　狗 买　志向

要拿猪狗来买坟向。

在　求　养　在　求
Saail*biuz* yiangc* saail*biuz*,
坟向　助　坟向

坟向呀坟向，

在　求　到　领　南
Saail*biuz* dauc nyidt*niuz*.
坟向　来　好山形

坟向对着好山形。

密　送　单　那　燕
Miz haec baaih laez nyanl*,
没　让　边　哪 阻隔

坟向没有被什么阻隔，

密　完　岩　那　断
Miz wanz*rianz* laez duans*,
没　山岩　　哪　断

没有被山岩阻隔，

密　送　望　那　管
Miz haec wangc* laez gaec*.
没　让　山冲　哪　阻隔

没有被山冲阻隔。

抵　落　完　呵　哀
Dih* dugt* wangc* ah*aih*,
坟向　落　山冲　美观

坟向在山冲，

呵　哀　弓　见　夏
Ah*aih* gongh* jans*saz*.
美观　弓　十分

那山形好看似一把弓。

抵　落　完　呵　凹
Dih* dugt* wangc* ah*wah*,
坟向　落　山冲　漂亮

坟向在漂亮的山冲，

呵　凹　弓　央　水牛
Ah*waih* gongx* qyabt* waaiz.
地形　弯　轭　水牛

那地形弯像水牛轭。

二　添　到　同　湾
Soongl baaih dauc dungx gauz,
两　边　来　同　弯

两边弯对称，

送　管　到　同　除
Soongl gudt* dauc dungx zux*.
两　边　来　相　接

两边弯对接。

恶　尺　困　恶　抵　床　浪
Wox* zidt* guns* wox* dih* zuangh*laez,
坟向　管　志向　哪里

坟向管哪里，①

低　於　困　床　完
Dih*②yiz* guns* zuangz*wanx*.
后代　也　管　那里

后代就管那里。

---

①这句及以下一段，比喻坟向好。
②dih*，原意为"它"，这里指"逝者的后代"。

恶　抵　困　恶　铜　床　浪
Wox* dih* guns* wox*luangz zuangh*laez ，
　坟向　管　龙　　哪里

坟向管哪里的龙脉，

低　於　困　床　完
Dih* yiz* guns* zuangz*wanx*.
后代也　管　　那里

后代就管那里的龙脉。

恶　铜　困　鱼　河　床　浪
Wox*luangz guns* byal dah zuangh*laez ，
　蛟龙　　管　鱼河　哪里

蛟龙管哪里的河流，

低　於　困　床　完
Dih* yiz* guns* zuangz*wanx*.
后代也　管　　那里

后代就管那里的河流。

鱼　河　困　鱼鸟　床　浪
Byaldah guns* byalwuh* zuangh*laez ，
　河鱼　管　半大鱼　哪里

河鱼管哪里的半大鱼，

低　於　困　床　完
Dih* yiz* guns* zuangz*wanx*.
后代也　管　　那里

后代就管那里的半大鱼。

鱼鸟　困　鱼齐　床　浪
Byalwuh* guns* byal jiz* zuangh*laez ，
半大鱼　管　角鱼　　哪里

半大鱼管哪里的角鱼，

低　於　困　床　完
Dih* yiz* guns* zuangz*wanx*.
后代也　管　　那里

后代就管那里的角鱼。

鱼齐　困　鱼　田　床　浪
Byaljiz* guns* byalnaz zuangh*laez ，
角鱼　管　田鱼　　哪里

角鱼管哪里的田鱼，

低　於　困　床　完
Dih* yiz* guns* zuangz*wanx*.
后代也　管　　那里

后代就管那里的田鱼。

低　二　三　独　马
Dih* soongl saanl duezmax ，
后代　两　三　马

后代管两三匹马，

低 四 五 独 水 牛
Dih* sis hac duezwaaiz,
后代 四五　　水牛

后代管四五头水牛，

低 十 赖 独 歪
Dih* xib laail duezwuaih*①.
后代 十 多　　佣人

后代管十多个佣人。

张 抵 颇 得 三 朝
Zaamh* dih* boh ndaix saaml hadt,
葬　坟向父　得　三　早晨

找到葬这父的坟向得三早晨，

张 抵 颇 得 七 天
Zaamh* dih* boh ndaix xadt ngonz.
葬　坟向父　得　七　天

找到葬这父的坟向得七天。

然 挠 井 吴 米
Raanz rauz mbos*wuz* haux,
家 咱　无　大米

咱家没有大米，

米 败 每 人 那
Haux bail meh* raanz nail*.
大米　去　　别家

别家有大米。

然 挠 井 吴 写
Raanz rauz mbos*wuz* xiex*,
家 咱　无　大米

咱家没大米，

扶 改 拿 拿 送
Wuz* gaez* dez dauc songs.
扶　克 拿 来 送

扶和克②给送来。

然 挠 井 吴 牛
Raanz rauz mbos wuz* waaiz,
家 咱　没有　牛

咱家没有牛，

扶 改 拿 拿 送
Wuz* gaez* dez dauc songs.
扶　克 拿 来 送

扶和克给送来。

_____

①duezwuaih*，有"佣人""奴仆""帮工"等义，这里指"佣人"。

②"扶"及"克"，均为人名，是附近村寨的亲戚。

赖　拿　败　明　天
Laiz* dez bail ngonzzuag*,
要　拿　去　　明　天
要等到明天才去报告女婿家，①

天　十　去　后　天
Zuag* zez* bail ngonzrez*.
那　就　去　后　天
明天到后天才去报告女婿家。

天　十　去　密　方
Rez* zez* bail miz waangs*,
后天　就　去　不　空
后天去没空，

天　密　方　拿　败
Rez* miz waangs* dez bail.
后天　不　空　拿　去
后天没空去。

报　　堂　重　奎　那
Baaus dangz leggoiz lac,
报　　到　女婿　下
报到女婿家，

报　　堂　田　奎　票
Baaus daangz naz goiz biaul*,
报　　到　面前女婿收捡
报给女婿来收捡，②

字　写　案　窗　子　奎　票
Sel raaiz basdaangs deel goiz biaul*,
字画　写　窗口　那　女婿　收捡
写在窗口的字画女婿收捡，

字　丢　房　又　然　奎　票
Sel widt* raanz qyus raanz goiz biaul*,
字画　丢　家　在　屋　女婿　收捡
丢在家里的字画女婿收捡，

笑　诺　南　奎　票
Rianl* ros* nac goiz biaul*,
吊　边　面前女婿收捡
吊在家里的字画女婿收捡，

卡　炕　米　正月　　奎　票
Gax* qyingx* haux ndianljingl* goiz biaul*,
架　炕　大米　正月　女婿　收捡
正月用炕来炕的大米女婿收捡，

---

① 布依族的传统习俗之一，当有老年人去世，要立即把消息报告女婿家。
② 喻指做祭祀时用红纸和绿纸写的花花绿绿的东西，在祭祀结束时由女婿及其伙伴来收捡（拿去烧掉）。

群　　汤　　酒　荡　　岩　早
Jingz* daangl* lauc daangl ngaaiz hadt
三脚　　热　　酒　热　　早饭　早

　　晚　奎　票
　hamh goiz biaul*,
　　晚　女婿　收捡

用于早晚热酒热饭的三脚

架女婿收捡，

　　光　　初　米　败　纳　奎　票
Guangs*① xos haux bail naz goiz biaul*,
　簑盒　　放　米饭　去　田　女婿　收捡

用于装饭去田里干活的簑盒
女婿收捡，

　　挞　可　米　早　晚　奎　票
Gval* gueh haux hadt hamh goiz biaul*,
　锅　做　饭　早　晚　女婿　收捡

用于早晚做饭的锅女婿
收捡，

　　光　　初　米　败　领　奎　票
Guangs* xos haux bail ndiaul* goiz biaul*,
　饭盒　放　米饭　去　山岭　女婿　收捡

用于装饭去山岭干活的簑盒
女婿收捡，

　　忍　朝　米　早　晚　奎　票
Ridt* saauz* haux hadt hamh goiz biaul*,
　筲箕　滤　米饭　早　晚　女婿　收捡

用于早晚滤米饭的筲箕
女婿收捡，

　　光　　初　米　败　界　奎　票
guangs* xos haux bail jail goiz biaul*,
　簑盒　放　米饭　去　远　女婿　收捡

用于装饭去远处干活的簑
盒女婿收捡，

洒　斟　米　早　晚　奎　票
Rail* nangc haux hadt hamh goiz biaul*,
甑子　蒸　米饭　早　晚　女婿　收捡

用于早晚蒸米饭吃的甑子
女婿收捡，

　　彭　初　米　早　晚　奎　票
Benz xos haux hadt hamh goiz biaul*,
　盆　放　米饭　早　晚　女婿　收捡

用于早晚装米饭的盆女
婿收捡，

　　董　　木杉　奎　票
Duangx* faixwag* goiz biaul*,
　桶　　杉木　女婿　收捡

杉木做的桶女婿收捡，

---

①guangs*，簑盒。簑盒是布依族人常用的一种生活用具，用竹篾编成，正方形，上部开口，有盖盖着，并有提手系。
布依族人在农忙季节，一般经常用簑盒装饭到田间做午饭，一盒饭够一个成年人一餐的份量。

床　　汤　酒　汤　岩　奎　票
Zaangz* daangl lauc daangl ngaaiz goiz biaul*,
架子　　热　酒　热　早饭　女婿　收捡

热酒热饭吃的锅架女婿收捡，

师　犁　把　犁　扒　奎　票
Sil* fahzail* fahraaul* goiz biaul*.
是　犁　　耙　女婿　收捡

犁田耙田的农具女婿收捡。

奎　败　票　板　细　澄　花
Goiz bail biaul* baans* jil* dengl* wal*,
女婿　去　收捡　　乱七八糟

女婿收捡了那些乱七八糟
的东西，

奎　败　票　板　纸　铁　若
Goiz bail biaul* baans* sal waz* rongh*,
女婿　去　收捡　　　凌乱

女婿收捡了那些凌乱的东西，

拿　及　去　林　孕
Dez jil* bail ndongl duad*,
拿那些　去　山林　丢

把收捡的东西拿去山林丢①，

孕　　豆　李
Duad* masmanc,
丢　　李子

丢在李子树脚下，

孕　　豆　笠
Duad* masliz,
丢　　梨子

丢在梨子树脚下，

孕　　完　利　兄弟
Duad* ngonzndil bixnuangx.
丢　　好日子　兄弟

丢了让兄弟们得好日子。

孕　　豆　李
Duad* masmanc,
丢　　李子

丢在李子树脚下，

孕　　豆　挑
Duad* masdaauz,
丢　　桃子

丢在桃子树脚下，

---

① "丢"，指"烧掉"。下同。

孕　　包要兄弟
Duad* bausaaul bixnuangx.
丢　　家族　兄弟

丢了家族兄弟得吉祥和顺利。

补破劳破劳
Bux biadt* lauz* biadt* lauz*,
人　打扫　　打扫

打扫杂物的人打扫杂物，①

补劳皆劳皆
Bux lauz* gaais* lauz* gaais*,
人　捞　东西　捞　东西

能帮打扫卫生的人帮打
扫卫生，

补钧得亦罕
Bux rens ndaiz yieh yams*②,
人　起　得　也　喊

能来帮出力的人也请，

钧密奶亦罕
Runs miz ndaix yieh yams*.
起　不　得　也　喊

不能帮出力的人也请。

补推奶亦救
Bux xamh* ndaix yieh jius*,
人　抬　得　也　请

能帮抬东西的人也请，

推密奶亦救
Xamh* miz ndaix yieh jius*.
抬　不　得　也　请

不能帮抬东西的人也请。

补改音於罕
Bux gaiz*yings* yieh yams*,
人　答应　　也　请

答应帮忙的人也请，

改密音於罕
Gaiz* miz yings* yieh yams*.
的　不　答应　也　喊

不答应帮忙的人也请。

① 这里指祭祀完成后，大家打扫家里的垃圾、杂物，清理场地。
②yams*，原意指"喊"，这里指"请"。以下的"jius*"意思相同。

另一段

```
罕    门   所   门   所
Yams* mengz soc* mengz soc*,            叫你走你就走,
  叫    你   走   你   走

庭    门   败   门   败
Didt* mengz bail mengz bail.            请你去你就去。
  请    你   去   你   去

  门   省   起   十   日
Mengz senc* runs saz* yaiz*,            叫你走你就走,
  你    生   起   就   走

  埋    门   克   郎   书
Maix* mengz gaezlaez sul.               你没有什么牵挂的。
  没    你   什么   你们

  堂   打   茹   於   密   点   占
Dangz dah ruz* yiz* miz dianh*zaml*,    到哪里就在哪里,
  到   地名   也   没   地点   想念

  埋    门   克   郎   占
Maix* mengz gaezlaez zaml*.             你没有什么想念的。
  没    你   什么   想念

鸡   满   困   时   献
Gais riml guns* jiz* sianl*,            满笼的鸡献给你,
鸡   满   笼   就   献

  埋    门   克   郎   献
Maix* mengz gaezlaez sianl*.            没什么不献给你的。
  没    你   什么   献

门   省   败   吹   转
Mengz senc* bail bis* daaus.            你去不要再回来,
  你   生长   去   吐   转回

败   字   湾   然   林
Bail sel wangs* raanz linz*,            去仙家样样都有,
去   字   山冲   家
```

败　仙　赖　彭　梁
Bail sianl* ndael beangz riangh*.
去　仙　里　地方　山梁

> 去住仙家的山梁。

颇　死　密　戌　麻
Boh daail miz senc* maz,
父　死　不　牵挂　什么

> 这父去世了不牵挂什么，

颇　死　戌　世　居
Boh daail senc* mbael jil*,
父　死　牵挂　叶　松树

> 只牵挂一片松树叶，

熬　俄　住　厘　领
Haul* wox* zul* nix nidt*,
牵挂　芦苇　这　山领

> 只牵挂山上的芦苇，

颇　戌　若　园　下
Boh senc* ros* sianl lac.
父　牵挂　边　园　下

> 只牵挂寨脚的菜园。

颇　厘　隋　低　刀
Boh nix doc* dix* ndid*,
父　这　留　把　刀

> 这父留下一把刀，

定　黑　蒲　翁　罗
Dinl* mag bux hungl* loh*,
留　墨汁　大　盘

> 留下一盘墨汁，

颇　厘　隋　写　字
Boh nix doc* raaiz sel.
父　这　留　写　字

> 留墨汁来写字。

颇　死　密　戌　麻
Boh daail miz senc* maz,
父　死　不　缺　什么

> 这父去世了不牵挂什么，

颇　死　戌　二　摆　田　下
Boh daail senc* soongl baangx* naz lac,
父　死牵挂　两　片　田　下

> 只牵挂下方那两片田，

戌　五　摆　田　写
Senc* hac baangx* naz raaiz,
牵挂　五　片　田　花斑

> 只牵挂那五片花斑的稻田，

戌　母牛　角　宽
Senc* meehzeiz* gaul guangs*,
牵挂　黄母牛　角　宽

只牵挂那头角宽的黄母牛，

戌　轮　乐　抱　王
Senc* ndanl nyiel* amx*aaux*,
牵挂　个　家业　一个东西

只牵挂自己的家业，

轮　乃　外　园　遄
Sagt* nis waic* sianl* zuaix*,
可惜　小　挂　园　挂

只牵挂挂东西的地方，

轮　怀　外　窗　子
Sagt* waix* waic* duldaangs,
可惜　树　挂　窗口

只牵挂挂东西的窗口，

轮　光　外　告　翁
Sagt*guangs* waic* gaul hungl*.
可惜　篾盒　挂　角　落

只牵挂挂在房角落的篾盒。

颇　死　密　戌　麻
Boh daail miz senc* maz,
父　死　不　牵挂　什么

这父去世了不牵挂什么，

颇　死　戌　二　三　个　夏
Boh daail senc* soongl saaml ndanl sah*,
父　死　牵挂　两　三　台　织布机

只牵挂那两三台织布机，

戌　四　五　个　点
Senc* sis hac ndanldianh*,
牵挂　四　五　院坝

只牵挂那四五块院坝，

戌　七　八　文　写
Senc* xadt beedt wenz* raaiz*.
牵挂　七　八　人　写

只牵挂七八个帮他写字的人。

塘　田　改　男　人
Damz naz gaiz* buxsaail,
塘　田　想　男人

男人想塘田，

裙　写　改　母　女
Winc raaiz gaiz meehmbegt,
裙　花斑　想　妇女

妇女想花裙。

小 儿 密 麻 当
Legsaail miz mal dangs,
　男孩　没　来 祭祀

你男儿没来祭祀你，

利 同 骂 当 门
Lix dul mal dangs mengz.
有 我们 来 祭祀　你

有我们来祭祀你。

儿 女 密 麻 当
Legmbegt miz mal dangs,
　女儿　没　来 祭祀

你女儿没来祭祀你，

问 叶 木 当 门
Wenz mbaelfaix dangs mengz.
　人　树叶　祭祀　你

有人拿树叶当钱来祭祀你。

查 埋 密 麻 当
Zaz*maix* miz mal dangs,
媳妇们　没 来 祭祀

媳妇们没来祭祀你，

缝 衣 红 浪 亚 当 门
Nyib beahndingl langl yas* dangs mnez,
缝　红衣　和 肩 祭祀 你

有人缝红衣来祭祀你，

缝 衣 纸 浪 绸 当 门
Nyib beahsal langl aaux dangs mengz.
缝　纸衣　和 绸缎 祭祀　你

有人缝纸衣和绸缎衣来祭祀你。

二 二 轮 皆 鸭
Ngih ngih ndanl jaisbidt,
二 二 个　鸭蛋

拿二十二个鸭蛋，

一 一 轮 皆 皆
Idt idt ndanl jaisgais.
一 一 个　鸡蛋

拿一十一个鸡蛋。

养 初 摆 乐 可
Jingx* xos baaih Lofgoy,
养　在 边 乐可

养在乐可① 那边，

──────────

①"乐可"，古地名，现在何处不详。

抱　初　摆　云　相
Wag* xos baaih Rinzxiangs.
孵化　在　边　云相

孵在云相^① 那边。

养　初　屋　浪　鹅
Jingx* xos raanz langl haans,
养　在　家　和　鹅

在家里养鹅,

养　初　产　住　密
Jingx* xos zaanc* xul mil*.
养　在　地点　城市　密

在城里养鹅。

陈　七　八　独　蒲
Banz xadt beedt duezbux,
成　七　八　雄的

养成七八只雄的,

陈　八　九　独　母
Banz beedt guc duehmeeh.
成　八　九　雌的

养成八九只雌的。

肝　彭　要　妈　可　鸡　揣
Dabt*beangz aul mal gueh gais zuaix*,
世间　拿来　做　鸡　祭祀

世人拿鸡来做祭祀,

儿　门　要　妈　可　鸡　揣
Leg mengz aul mal gueh gais zuaix*.
儿　你　拿来　做　鸡　祭祀

你儿也拿鸡来做祭祀。

揣　彭　要　妈　可　鸡　当
Nuaix*beangz aul mal gueh gais dangs,
世上　拿来　做　鸡　祭祀

世人拿鸡来做祭祀,

儿　门　要　妈　可　鸡　当
Leg mengz aul mal gueh gais dangs.
儿　你　拿来　做　鸡　祭祀

你儿也拿鸡来做祭祀。

鸭　及　笠　轮　打
Bidt jiz*gabt* ndael dah,
鸭　游弋　里　河

河里游弋着鸭,

---

① "云相",古地名,现在何处不详。

摸　门　改　儿　打
Mox* mengz gaiz* leg dah.
助　你　想　儿　河

你想念河里。

　鹅　及　卡　输　水
Haans jiz*gax* ndael ramx,
　鹅　游弋　里　水

水里游弋着鹅，

摸　门　改　儿　水
Mox* mengz gaiz* leg ramx.
助　你　想　儿　水

你想念水里。

胎　路　利　门　败
Dais ronl ndil mengz bail,
从　路　好　你　去

你从好的路去，

利　路　忙　门　败
Ndil ronl hanl mengz bail.
好　路　忙　你　去

你赶路你去。

　横　打　裸　门　败
Waangl* dah loh* mengz bail.
　横　河　送　你　去

跨河送你去。

所　路　翁　门　败
Soh* ronl hungl* mengz bail,
顺　路　大　你　去

顺大路送你去，

　路　右　路　败　纳
Ronl gvaz ranl bail nac,
　路　右　路　去　前

顺右路往前去，

　路　左　路　败　土
Ronl soix ranl bai rih,
　路　左　路　去菜地

顺左边的菜地去，

　路　十二　败　彭
Ronl xibngih bail beangz.
　路　十二　去　世间

顺着十二条路去。

胎　住　泥　等　凹
Dais xul naamh degt* al,
从　城　泥　　乌鸦

去有乌鸦的地方，

纳　住　泥　等　麻
Naz xul naamh degt* ndaaix.
田　城　泥　　麻

去有麻的地方。

胎　打　海　抢　布
Dais dah haaic ral bangz,
从　河　海　找　布

去河海里找衣服，

彭　更　故　更　浪
Beangz genl guel genl ndangs,
地方　吃　盐　吃　咸

去吃盐吃得咸的地方，

彭　要　马　驼　书
Beangz aul max duol* sel,
地方　拿　马　驮　书

去用马驮书的地方，

彭　要　剩　挑担
Beangz aul reengz dezraabt,
地方　拿　力　挑担

去用力挑担的地方，

彭　务　旺　密　恕
Beangz ul hongl miz rul*.
地方　做活路　不　停

去干活不停的地方。

彭　床　完　门　改　攸
Beangz zuangh*hanx* mengz gaiz* qyus,
地方　那里　　你　喜欢　居住

那里你喜欢居住，

鲁　床　完　门　改　占
Nul* zuangh*hanx* mengz gaiz* zaml*.
　那里　　　你　喜欢　站

那里你喜欢站立。

下　天　九　旁　坝　同　奶
Lacmbenl guc baangx* dongh dungx ndaix,
天下　九　片　田坝　都　得

天下九片天你得，①

雅　洒　陈　攸　万
Yahsiml banz qyus hanx*.
洒陈　婆　在　那

那是洒陈婆②住的地方。

---

①　这句及以下三句，喻指是"好地方"。
②　"洒陈婆"及以下的"相阎婆"，是布依族传说中的神婆。

七　卡　打　同　卓
Xadt gal dah dungx zuangz*,
七　条　河　同　汇

七条河交汇的地方，

雅相阁　　攸万
Yahsianglnyianz qyus hanx*.
　相阁婆　　住那里

那是相阁婆住的地方。

闭　眼　送　门　胎
Labt dal haec mengz dais,
闭　眼　让　你　走

闭眼让你走，

埋　眼　了　那　门　齐　败
Maix*dal liaux lac mengz jiz* bail.
闭　眼　了　下　你　就　去

闭眼你就去。

堂　梭　路　歪　半
Dangz soh* ronl mbidt* fiangx*,
到　直　路　歪　半

路上别拐弯，

要　犭　科　蒲　路
Aul jianz* gueh bux ronl.
拿　钱　做　人　路

拿钱给修路的人。

彭　戍　犭　九　犭
Beangz senc* jianz* guc jianz*?
地方　欠缺　钱　久　钱

钱放在哪里？

犭　败　祥　腊　窝
Jianz* bail gez*lacwos,
钱　摆　藏　膝盖

钱放在膝盖下，

犭　可　颇　腊　身
Jianz* gueh boh lac ndaangl.
钱　做　父　下　身

拿钱当父的身。①

彭　戍　犭　九　犭
Beangz senc* jianz* guc jianz*?
地方　欠缺　钱　久　钱

钱放在哪里？

_____

① 比喻用钱买路，让父过路。

犭　败　祥　腊　腰
Jianz* bail gez*lachedt,
　钱　摆　藏　腰

钱藏在腰那里，

　犭　可　颇　腊　身
Jianz* gueh boh lac ndaangl.
　钱　做　父　下　身

拿钱当父的身。

另一段

　板　说　摆　王　谟
Banh* nauz baaih wangc* mux*,
　刚才　说　边　山冲　谟

刚才说到叫谟 [1] 的山冲，

　厘　堂　摆　王　谟
Nix dangz baaih wangc*mux*.
　这　到　边　山冲　谟

现已到谟的山冲，

　板　说　恕　王　洒
Banh* nauz rul* wangc*sais*,
　刚才　说　方　山冲　洒

刚才说到叫洒的山冲，

　厘　堂　恕　王　洒
Nix dangz rul* wangc* sais*,
　这　到　方　山冲　洒

现已到洒的山冲，

　板　说　木　王　春
Banh* nauz faix wangc* jins*,
　刚才　说　树　山冲　转

刚才说到山冲的树，

　厘　堂　木　王　春
Nix dangz faix wangc* jins*.
　这　到　树　山冲　转

现已到山冲树的这个地方。

　鸭　鸡　养　鸭　鸡
Bidt gais yaangc bidt gais,
　鸭　鸡　助　鸭　鸡

鸡鸭呀鸡鸭，

---

① "谟"及以下的"洒"，地名，现指何处不详。

鸭　鸡　到　领　艾
Bidt gais dangz mbidt*nius*.
鸭　鸡　到　　山领

鸡鸭在山领。

牛　犁　养　牛　犁
Zeiz* waaiz yangc zeiz* waaiz,
黄牛　水牛　助　黄牛　水牛

黄牛呀水牛，

牛　犁　到　领　南
Zeiz* waaiz dangz mbidt* naamh.
黄牛　水牛　到　　山垭

黄牛水牛在山垭。

另一段

板　说　摆　罗　国
Banh* nauz baaih Loz*guagt*,
刚才　说　边　罗国

刚才说到罗国①，

厘　堂　摆　罗　国
Nix dangz baaih Loz*guagt*.
这　到　边　罗国

现已到罗国。

板　说　摆　鲁　花
Banh* nauz baaih Lux*ndaais*,
刚才　说　边　鲁花

刚才说到鲁花，

厘　堂　摆　鲁　花
Nix dangz baaih Lux*ndaais*.
这　到　边　鲁花

现已到鲁花。

板　说　摆　桥　谟
Banh* nauz baaih jeeuzmux*,
刚才　说　边　谟桥

刚才说到谟桥②，

厘　堂　摆　桥　谟
Nix dangz baaih jeeuzmux*.
这　到　边　谟桥

现已到谟桥。

① "罗国"及以下的"鲁花"，地名，现指何处不详。
② "谟桥"，桥名，是布依族传说中的一座桥。布依族传说任何人去世后都要经过此桥到仙界。

长　　长　　说　桥　谟
Zaangc*zaangc* nauz jeeuzmux*,　　　刚刚说到谟桥，
　刚刚　　　说　谟桥

处　处　　说　桥　铜
Zux*zux* nauz jeeuzluangz,　　　处处说铜桥，
　处处　　说　铜桥

桥　谟　到　答　惰
Jeuzmux* dangz dalndos*,　　　谟桥到答惰①，
　谟桥　到　答惰

桥　铜　到　答　科
Jeeuzluangz dangz dalgos*.　　　铜桥到答科。
　铜桥　到　答科

堂　万　说　面　刀
Dangz hanx* nauz mianh*dah*,　　　到了那里说命运，②
　到　那里　说　命运

堂　万　佬　年　月
Dangz hanx* naaul* bilndianl.　　　到了那里说年月。
　到　那里　求　年月

哪　个　告　百　岁
Wangx*laez gaul*③ baagt* bil,　　　哪个能活到一百岁，
　哪个　靠　百　岁

走　桥　铜　台　一
Byaaic jeuzluangz dazdidt.　　　要走第一铜桥。
　走　铜桥　第一

哪　个　告　九　十
Wangx*laez gaul* gucxib,　　　哪个能活到九十岁，
　哪个　靠　九十

走　桥　铜　台　二
Byaaic jeeuzluangz dazngih.　　　要走第二铜桥。
　走　铜桥　第二

---

① "答惰"及下句的"答科"，是布依族传说中的地名，现在何处不详。

② 这句及下句，比喻到了命运中很理想的地方。

③gaul*，"靠"，方言，喻指"活到、生活到（某某岁）"。

哪　个　告　八十
Wangx*laez gaul* beedtxib,
　　哪个　　靠　八十

要　桥铜　台三
Byaaic jeeuzluangz dazsaaml.
　　走　　铜桥　　第三

哪　个　告　七十
Wangx*laez gaul* xadtxib,
　　哪个　　靠　七十

要　桥铜　台四
Byaaic jeeuzluangz dazsis.
　　走　　铜桥　　第四

哪　个　告　六十
Wangx*laez gaul* rogtxib,
　　哪个　　靠　六十

走　桥铜　　台五
Byaaic jeeuzluangz dazhac.
　　走　　铜桥　　第五

哪　个　告　五十
Wangx*laez gaul* hacxib,
　　哪个　　靠　五十

走　桥铜　台六
Byaaic jeeuzluangz dazrogt.
　　走　　铜桥　　第六

哪　个　告　四十
Wangx*laez gaul* sisxib,
　　哪个　　靠　四十

走　桥木　根田
Byaaic jeeuzfaix raag naz.
　　走　木桥　根　田

哪　个　告　三十
Wangx*laez gaul* saamlxib,
　　哪个　　靠　三十

哪个能活到八十岁，

要走第三铜桥。

哪个能活到七十岁，

要走第四铜桥。

哪个能活到六十岁，

要走第五铜桥。

哪个仅活到五十岁，

要走第六铜桥。

哪个仅活到四十岁，

只能走田间的木桥。

哪个仅活到三十岁，

走　桥　夏　根　董
Byaaic jeeuzsal raag dongh.
走　　纸桥　　根　田坝

只能走田坝中的纸桥。

哪　个　告　二　十
Wangx*laez gaul* ngihxib,
哪个　　靠　　二十

哪个仅活到二十岁，

走　桥　木　根　彭
Byaaic jeeuzfaix raag beangz.
走　　木桥　　根　地方

只能走地方上的木桥。

哪　个　告　十　年
Wangx*laez gaul* xib bil,
哪个　　靠　　十　岁

哪个仅活到十岁，

走　桥　送　根　董
Byaaic jeeuz songs raag dongh.
走　桥　送　根　田坝

只能走田坝中专过路的木桥。

哪　个　告　年　一　二　年
Wangx*laez gaul* bil ndeeul soongl bil,
哪个　　靠　岁　一　　两　岁

哪个仅活到一两岁，

变　陈　蚁　腾　倍
Bians* banz mad dengx*beis*.
变　　成　蚂蚁　白色

变成一只白蚂蚁。

哪　个　告　时　一　日　一
Wangx*laez gaul* xez ndeeul ngonz ndeeul,
哪个　　靠　时　一　　日　一

哪个仅活了一两日，

变　陈　岁　瓜　弄
Bians* banz soil gvas dongh.
变　　成气流　过　田坝

变成飘过田坝的气流。

另一段

板　说　利　水　田
Banh* nauz ndil ramx naz,
刚才　说　好　水　天

刚才说到好的水田，

厘 堂 利 水 田
Nix dangz ndil ramx naz.
现 到 好 水 天

板 说 过 水 闹
Banh* nauz gvas ramx ndudt*①,
刚才 说 过 水 兴旺

厘 堂 过 水 闹
Nix dangz gvas ramx nduadt*.
现 到 过 水 兴旺

上 桥 厘 雅 乍
Genz jeeuz lix yahzac*②,
上 桥 有 巫婆

皆 信 铁 门 隋
Gais sins* faz mengz doc*.
鸡 棒 铁 你 留

下 桥 厘 雅 造
Lac jeeuz lix yahzaaul*,
下 桥 有 巫婆

贯 米 浦 磋 故 门 短
Gunh* hauxnah* xos gus*mengz duad*④.
坨 糯米饭 给 你 丢

短 滕 巴 独 狗
Duad* dangz bas duezmal,
丢 到 嘴 狗

曰 滕 巴 独 卯
Yaaiz* dangz bas duezmauc.
丢 到 嘴 兔子

现已到了好的水田。

刚才说到兴旺的水田，

现已到兴旺的水田。

桥上有一个巫婆，

鸡铁棒③给你留。

桥下有一个巫婆，

拿一坨糯米饭给你丢。

丢到狗嘴前，

丢到兔子的嘴前。

---

①nduadt*，原义指"热闹"，这里指"兴旺"。

②yahzac*及下句的 yahzaaul*均指"巫婆"。

③"鸡铁棒"，指在祭祀过程中，用一根约1.5尺长的竹竿，顶端划破，先用线拴着一只小鸡，挂在划破的竹竿顶端，再用一坨糯米粑塞在竹竿的顶端。这根竹棒称为"鸡铁棒"。

④duad*，指"投掷""甩""砸""丢"等义，这里指"丢"。

独　省　告　省　刀
Duez① sins* jauc sins* daaus,
动物　调　头　调　转

它们低头离开不吃，

独　省　刀　杀　曰
Duez sins* daaus saz*yaaiz*,
动物　调　转　不停状

它们立即离开不吃，

门　省　败　清　然
Mengz sinx* bail zings*raaix.
你　不停　去　真的

你真的要走了。②

板　说　摆　桥　谟
Banh* nauz baaih jeeuzmux*,
刚才　说　边　谟桥

刚才说到谟桥，

厘　堂　摆　桥　谟
Nix dangz baaih jeeuzmux*.
现　到　边　谟桥

现已到谟桥。

板　说　恕　桥　铜
Banh* nauz rul* jeeuzmux*,
刚才　说　那　铜桥

刚才说到铜桥，

厘　堂　摆　桥　铜
Nix dangz baaih jeeuzluangz.
现　到　边　铜桥

现已到铜桥。

长　长　说　桥　谟
Zaangc*zaangc nauz jeeuzmux*,
正好　　说　谟桥

正在说谟桥，

外　处　说　桥　铜
Zux*zux* nauz jeeuzluangz.
正在　说　铜桥

正在说铜桥。

桥　谟　到　答　隋
Jeeuzmux* dangz dal*dos*,
谟桥　　到　答惰

从谟桥到答惰，

---

①duez，原义泛指"动物"，这里指"狗、兔"。

②以上这段，以狗、兔都不吃人喂的糯米粑团来喻示老人即将去世。

桥　铜　到　答　科
Jeeuzluangz dangz dal*gos*.
　铜桥　　到　答科

从铜桥到答科。

补　密　友　密　曰
Bux miz yux miz yaaiz*,
人　没　友　没　情友

没有男女朋友的人，^①

攸　介　点　桥　铜
Qyus gaais dianh* jeeuzluangz,
在　的　地点　　铜桥

要等到在铜桥上相遇，

桥　铜　扶　巴　查
Jeeuzluangz wuz* bas zax*.
铜桥　　窄　口　镰刀

铜桥窄像镰刀口。

补　厘　友　厘　曰　养　门
Bux lix yux lix yaaiz* yiangc mengz,
人　有　友　友　情友　像　你

像你一样有情友的人，

堂　近　点　桥　铜
Dangz jaic dianh* jeeuzluangz,
到　近　地点　　铜桥

已到铜桥的附近，

桥　铜　五　摆　宽
Jeeuzluangz hac saml*^② gvaangs.
铜桥　　五　庹　宽

铜桥五庹宽。

补　密　友　密　曰
Bux miz yux miz yaaiz*,
人　没　友　没　情友

没有男女朋友的人，

攸　介　点　桥　铜
Qyus gaais dianh* jeeuzluangz,
在　的　地点　　铜桥

要等到在铜桥上相遇，

桥　铜　扶　巴　刀
Jeeuzluangz wuz* bas qyaangx.
铜桥　　窄　口　柴刀

铜桥窄像柴刀口。

---

① 这句泛指没有对象的男女青年。
② 庹，长度单位，一庹相当于成人两手平行伸直后两中指间的距离。

补 厘 友 厘 曰　　养　门
Bux lix yux lix yaaiz* yiangc mengz,
人 有 友 友 情友　　像　你

像你一样有情友的人，

堂　近　点　桥铜
Dangz jaic dianh* jeeuzluangz,
到　近　地点　铜桥

已到铜桥的附近，

桥铜　　十　摆　　宽
Jeeuzluangz xib saml* gvaangs.
铜桥　　十　庹　宽

铜桥十庹宽。

力　连　养　巴查
Nix*lianz* yiangc bas zax*,
锋利　　像　口镰刀

铜桥锋利像镰刀口，

门　哪怕　的　五
Mengz laez laaul dih* hac.
你　哪怕　它 划破

你不怕被它划破。

乙　亚　养　巴好
Yiz*yaz* yiangc bas baul*,
锋利　　像　口推刨

铜桥锋利像推刨 ① 口，

夏　哪怕　的　割
Xias* laez laaul dih* guanz*.
哪怕　它　割

你不怕被它刨。

皮　竹　担於败
Biex* duagt* dais yiz* bail,
如果 篾条 从 也 去

像篾条一样窄的路也要过，

皮　交　绵於乃
Biex* jiaul* mail yiz* raaih*,
如果 根 线 也 爬

像线一样窄的路也要过，

皮　浪　太於平
Biex* nangl dais yiz* baangh*,
如果 皮 从 也 四脚爬

像皮线一样窄的路也要四
脚爬着过，

① "推刨"，木工用具，用于推平木板。

MOL DANGS

墓当经

皮　小　岩　於　哉
Biex* rianz* nis yiz* zaaih*.
如果　岩　小　也　爬

像岩石一样细小的路也要
爬着过。

蒲　厘　友　厘　曰　　养　　门
Bux lix yux lix yaaiz* yiangc mengz,
人　有　友　友　情友　像　　你

像你一样有情友的人，

友　曰　拿　门　瓜
Yux yaaiz* dez mengz gvas.
友　情友　带　你　过

朋友情友带你过路。

蒲　密　友　密　曰
Bux miz yux miz yaaiz*,
人　没　友　没　情友

没有男女朋友的人，

乍　包雅　到　堂
Xac bausbah dauc dangz.
等　祖宗　来　到

要等祖宗来到。

友　台一　抗　衣
Yux dazidt gaml beah,
友　第一　拉　衣服

第一个女友帮你拉衣角，

友　台二　抗　见
Yux dazngih gaml jianl*,
友　第二　拉　手臂

第二个女友帮你拉手臂，

友　台三　吊　腰
Yux dazsaaml riaul* headt,
友　第三　吊　腰

第三个女友帮你提腰，

友　台四　把　伞
Yux dazsis gaangl liangc,
友　第四　撑　伞

第四个女友帮你撑伞，

友　台五　拉　牛
Yux dazhac zengl* zeiz*,
友　第五　牵　黄牛

第五个女友帮你牵黄牛，

友　台六　过　巴
Yux dazrogt gos*mhas,
友　第六　搭肩

第六个女友给你搭肩，

友　台七　瓜　败
Yux dazxadt gvas bail,
友　第七　过　去

第七个女友走路旁陪伴，

友　台八　门　拿骨　哥　到　呵
Yux dazbeedt mengz dez ndos*goh* dauc ral,
友　第八　你　拿　花　来　找

第八个女友来找你，

友　台九　门　拿骨纸　到　处
Yux dazguc mengz dez ndos*sal dauc zux*.
友　第九　你　拿　纸　来　接

第九个女友来接你。

好　利　到　拿筷
Saaul ndil dauc dez dah,
女友　好　来　拿筷

漂亮的女友帮你拿筷，

槐　看　到　提　鞋
Qyusweih* dauc riuc* haaiz,
丑看　来　提　鞋

难看的女友帮你提鞋，

勇　在　提　鸡　筑
Raml*saail* riuc* ruangs*gais.
最丑看　提　鸡笼

最难看的女友帮你提鸡笼。

板　以　瓜　桥谟
Banh* fih gvas jeeuzmux*,
刚才　未过　谟桥

刚才未过谟桥，

点　那巴　门　忙
Dianh* nacbas mengz hanl[1].
那里　额头　你　慌张

你的额头很慌张。

厘　门　瓜　桥铜
Nix mengz gvas jeeuzluangz,
现　你　过　铜桥

现你已过铜桥，

那　浪　抗　能　能
Nac ndangl aangs rengh*rengh*.
脸　鼻　高兴　不停状

你的表情很高兴。

---

①hanl，原意指"忙"，这里指"慌张"。

板　以　瓜　桥　谟
Banh* fih gvas jeeuzmux,
刚才　未　过　谟桥

刚才未过谟桥，

　点　　那巴　门　杀
Dianh* nacbas* mengz sah*.
那里　额头　你　紧张

你的额头很紧张，

厘　门　瓜　桥　铜
Nix mengz gvas jeeuzluangz,
现　你　过　铜桥

现你已过铜桥，

那　浪　抗　能　能
Nac ndangl aangs rengh*rengh*.
脸　鼻　高兴　不停状

你的表情很高兴。

门　瓜　万　笑　务
Mengz gvas hanl reeul wus*,
你　过　忙　笑　傻

你过了铜桥就笑傻了，

门　瓜　万　笑　亚
Mengz gvas hanl reeul yax*.
你　过　忙　笑　过分

你过了铜桥就笑不停。

堂　裙　鱼　三　徒
Dangz winc byal saaml duez,
到　群　鱼　三　动物

你到了有很多动物的地方，

堂　九　梁　彭　鬼
Dangz guc niangh* beangz faangz.
到　九　梁　地方　鬼

你到了鬼很多的地方。

上天　尚　犭　高　利　浇
Genlmbenl saangl jianz* saangl ndil rauh,
天上　上　钱　上　好　些

这地方地上有钱，

下天　横　犭　去　利　浇
Lacmbenl waangl jianz* bail ndil rauh.
天下　横　钱　去　好　些

这地方地下也有钱。

上天　四　保　朝
Genzmbenl sis baauc* zaauz*,
天上　四　保　造

天上会造钱，

下　天　四　保　　槽
Lacmbenl sis baauc* zaaux*.
天下　四　保　　造

地下会造钱。

另一段

板　说　井　水　冷
Banh* nauz mbos ramx zamx,
刚才　说　井　水　凉

刚才说到凉水井,

厘　堂　井　水　冷
Nix dangz mbos ramx zamx.
现　到　井　水　凉

现到了凉水井。

蒲　大　凡　攸　腊
Bux dalfaangz* qyus lac,
人　瞎眼　　在　下

谁的眼睛不见亮了,

吃　井厘齐　陈　眼　亮
Genl mbos nix jiz* banz dal roongh.
吃　井　这就　成　眼　亮

喝了这井水眼睛就见亮。①

板　说　井　无　水
Banh* nauz mbos wuz* ramx,
刚才　说　井　无　水

刚才说井里无水,

水　到　闷　姑　更
Ramx dangz manh* gul genl.
水　到　足够　我　吃

井水足够我②喝。

厘　堂　井　无　文
Nix dangz mbos wuz* wenz*,
现　到　井　无　水

现到井无水,

鸟　腾　硬　腾　送
Rog dez ngens* dez haec.
鸟　拿　　　拿　给

鸟给送水来。

---

① 这句及下句喻指这井里的水是圣水，能医治百病。
② "我"，泛指"人们"。

板　说　井　无　水
Banh* nauz mbos wuz* ramx,
刚才　说　井　无　水

刚才说井里无水，

水　到　闷　姑　看
Ramx dangz manh* gul gaanh*.
水　到　足够　我　饮

井水足够我饮。

厢　堂　井　无　　然
Nix dangz mbos wuz* raangz*,
现　到　井　无

现到井无水，

鸟　腾　硬　腾　送
Rog dez ngens* dez haec,
鸟　拿　　拿　给

鸟给送水来。

板　说　井　无　皆
Banh* nauz mbos wuz* gais,
刚才　说　井　无　鸡

刚才说井无鸡，

闯　班　鸠　可　皆
Xabt rograul guehgaais.
遇　斑鸠　下蛋

遇斑鸠下蛋。

火　水　摆　捧　　仙
Fiz ramx baaih buangl* sianl,
火　水　边　方　仙

水火在仙那边，

门　败　摆　捧　　仙
Mengz bail baaih bungl* sianl.
你　去　边　方　仙

你去仙的那边。

岁　香　摆　包　雅
Soil yingl baaih bausyah,
味　香　边　祖宗

香①的味飘去祖宗的那边，

门　败　摆　包　雅
Mengz bail baaih bausyah.
你　去　边　祖宗

你去祖宗的那边。

———————————

① "香"，指"香烛"。

托　衣　劳　外　朝
Duadt* beah laaux waic* saaux，
脱　衣服　大　挂　竹竿

脱衣服挂在竹竿上，

托　衣　缎　外　可
Duadt* beah aaux waic* gol.
脱　衣服　缎子　挂　棵

脱缎子衣服挂在竹竿上。①

姑　送　门　堂　利
Gul suangs* mengz dangz nic*，
我　送　你　到　这

我送你到这里，②

占　赖　腰　姑　张
Suangz* laail headt gul zaangl*.
站　多　腰　我　胀痛

站多了我的腰胀痛。

姑　送　门　堂　利
Gul suangs* mengz dangz nic*，
我　送　你　到　这

我送你到这里，

墓　赖　俄　姑　奶
Mol laail hoz gul ndaais.
念　多　喉　我　累

摩经念多了我的喉咙痛。

姑　送　门　堂　利
Gul suangs* mengz dangz nic*，
我　送　你　到　这

我送你到这里，

墓　赖　舟　姑　奶
Mol laail zeil* gul ndaais.
念　多　心　我　累

摩经念多了我的心也累。

姑　儿　龙　轮　送
Gul leg ngeah ndael haaic*，
我　儿　蛟龙　里　海

我是海里的蛟龙，③

姑　赖　刀　拜　送
Gul laz* daaus bail haaic*.
我　要　转回　去　海

我要转回海里去。

---

① 这句及下句，指摩师做摩活动已结束，把法衣脱下来挂在竹竿上。

② “我”，指“摩师”。

③ “我”是一种比喻，不指具体人或物。这里的“蛟龙”，指无所不能的龙。以下的“龙”只是一般普通的龙。

姑 儿 铜 轮 海
Gul leg luangz ndael haaic*,
我儿 龙 里 海

我是海里的龙，

姑 而 刀 败 海
Gul laz* daaus bail haaic*.
我要 转回 去 海

我要转回海里去。

儿 鱼 在 轮 井
Legbyal qyus ndael mbos,
鱼儿 在 里 井

我是井里的鱼儿，

姑 而 刀 败 井
Gul laz* daaus bail mbos.
我要 转回 去 井

我要转回井里去。

姑 儿 多 轮 若
Gul legdos ndael ruangz*,
我 马蜂 里 房梁

我是房梁上的马蜂，

姑 而 刀 败 若
Gul laz* daaus bail ruangz*.
我要 转回 去 房梁

我要转回房梁窝里去。

姑 儿 文 轮 寨
Gul legwenz ndael mbaanx,
我 人 里 村寨

我是村寨里的人，

姑 而 刀 败 寨
Gul laz* daaus bail mbaanx.
我要 转回 去 村寨

我要转回村寨里去。

别 门 那 魂 故
Biex* mengz gaml wanl guel,
如 你 握 魂 盐

如果你① 手握盐魂，

姑 齐 送 魂 门 可 歪
Gul jiz* haec wanl mengz gueh wois*.
我就 让 魂 你 做 奴仆

我就让你的魂做奴仆。

----

① “你”，指“野鬼”。

别　　门　　放　　魂　　故
Biex* mengz zuangs* wanl guel,
如　　你　　放　　魂　　盐

如果你放了盐魂，

姑齐拐　魂　门　可　树
Gul jiz* naic* wanl mengz gueh suc.
我　就　让　魂　你　做主人

我就让你的魂做主人。

别　　门　　拿　魂　　故
Biex* mengz dez wanl guel,
如　　你　　拿　魂　　盐

如果你手握盐魂，

姑齐送　魂　门　抬　挑
Gul jiz* haec wanl mengz dezraabt.
我　就　让　魂　你　挑担

我就让你的魂去挑担。

别　　门　　放　魂　　故
Biex* mengz zuangs* wanl guel,
如　　你　　放　魂　　盐

如果你放了盐魂，

姑齐那　魂　门　骑马
Gul jiz* naic* wanl guel goihmax.
我　就　让　魂　盐　骑马

我就让盐魂骑马。

妈　魂　下　妈　魂
Mal wanl xiah* mal wanl,
来　魂　助　来　魂

魂来吧魂来吧，

妈　魂　书　蒲　长
Mal wanl sul buxzaangh*,
来　魂　你们　匠人

你们的魂来吧，

西　妈　魂　蒲　向
Xih mal wanl buxsaangl.
就　来　魂　帮忙的人

你们的魂就来吧。

板　　姑　土　巴羊　姑　妈
Banh* gul dah* basqyaangx gul mal,
刚才　我站　马刀口　我来

刚才我站在马刀口我来，

利 姑 夹 巴 铁 姑 刀
Nix gul haamc bas faz gul dauc.
现 我 跨过 口 铁 我 来

现我跨过铁块① 我进来。

板 掉 那 同 堂
Banh* mbiex*nac dungx dangz,
刚才 转脸 同 到

刚才我们同时转脸到②，

利 掉 背 同 磋
Nix mbies*langl dungx doh*.
现 转身 同 会

现在我们同时转身相会。

墓 当 到 此 终 了
Mol dangs dangz nix jiz* leeux.
《嘱咐经》到 这 就 完

《嘱咐经》到此就结束了。

————————

① "跨过铁块"，布依族传统习俗认为，用一块铁块烧红后放在家门口，从外面进家的人，均要跨过那块铁块进家，这样鬼魂就不会跟着人进家，鬼魂就不会纠缠人，家人个个就会身体健康、百事顺利。

② "我们"，泛指所有参加祭祀的人。"转脸到"及下句的"转身相会"，指聚在一起。

HAAUS GAIC* BAANGL* / 禳解 ^① 经

雅　皇　等　朝　鸭
Yahweangzdiangx zaaux* al,
　　皇等婆　　　造　乌鸦

皇等婆 ^② 造乌鸦，

雅　皇　永　朝　有
Yahweangzyongx zauux* yeeuh,
　　皇永婆　　　造　鹓

皇永婆造鹓，

朝　鸭　败鸭　刀
Zaaux* al bail al daaus.
　造　乌鸦 去乌鸦回来

造乌鸦飞去又飞回。

官　鸭　养　官鸭
Goons al yiangc goons al,
从前 乌鸦 助 从前 乌鸦

从前的乌鸦呀古代的乌鸦，

官　鸭　初　克郎　到　乎
Goons al xos gaezlaez dauc ndux?
从前 乌鸦 在 哪里　来 古代

从前的乌鸦是从哪里来的？

官　鸭　初　轮　务
Goons al xos ndael weac,
从前 乌鸦 在 里 云

从前的乌鸦从云里来，

乎　鸭　初　轮　天
Ndux al xos ndanl mbenl,
古代乌鸦在 个　天

从前的乌鸦从天上来，

---

① "禳解"经经文原标题为"改朝鸭言语"，方言，"改"即"解绑"，"朝"即"造"，该标题的意思是：用鸭来解绑不吉利的事情。即某家如发生不吉利的事情，如人生病长期不会康复、牛马在野外摔崖死等，即认为是遇到不吉利的事情，就要请摩师择吉日进行解绑。解绑之后，全家大吉大利，万事如意。

② "皇等婆"及下句的"皇永婆"均为布依族传说中的神婆。

到 任 务 任 雨 中 洗
Dauc ruangz* weac ruangz* wenl jaangl ras*,　　　从雾中云中来，
来 行 雾 行 雨 中 洗

鸭 央 陈 多 巴
Al yiangh banz dol* bal*,　　　满天是乌鸦，
乌鸦 才 成 满天

鸭 央 那 多 彭
Al yiangh laag* dol*beangz.　　　乌鸦到处是。
乌鸦 才 铺 到处

官 鸭 攸 尺 洞
Goons al qyus zig* zuangh*,　　　从前乌鸦住在一尺宽的洞里，
从前 乌鸦 住 尺 洞

乎 鸭 攸 尺 痛
Ndux al qyus zigt* daangl*.　　　古代乌鸦住在一尺宽的孔里。
古代 乌鸦 住 尺 孔

蒲 皇 败 犁 田
Buxweangz bail zail* naz,　　　皇帝① 去犁田，
皇帝 去 犁 田

独 鸭 攸 犬 教
Duezal qyus jibt* rauc*.　　　乌鸦来捡慈菇。
乌鸦 在 捡 慈菇

蒲 皇 败 吃 酒
Buxweangz bail genl lauc,　　　皇帝去吃酒②，
皇帝 去 吃 酒

独 鸭 败 票 遄
Duezal bail biauc* zuaih*.　　　乌鸦去收捡酒席。
乌鸦 去 收捡 酒席

鸭 败 怯 乍 江 皇 了
Al bail zaangh* zal* jiaangl* weangz leeux,　　　乌鸦去踩皇帝的碗和盘，
乌鸦 去 踩 碗 盘 皇帝 完

──────────

①"皇帝"，人名，是布依族传说中一个智慧、勤劳之人。"皇帝"没有任何实权、特权。这里的"皇帝"与现实中的"皇帝"不是一回事。

②"吃酒"指"吃酒席"。

· 122 ·

鸭 败 怯 乍 宵 皇 亢
Al bail zaangh* zal* biangs* weangz jaangl.
乌鸦 去 踩 碗 菜盘 皇帝 中间

乌鸦去踩皇帝的碗和菜盘。

皇 省 苦 杀 墨
Weangz senc* hamz* saz*mais*,
皇帝 立即 生气 很

皇帝很生气,

皇 省 戍 梁 由
Weangz senc* xul* saz*yuz*.
皇帝 立即 发火 很

皇帝十分的生气。

皇 齐 造 教 变 年 反
Weangz jiz* zaaul* jiaul* bings* nix waad*,
皇帝 就 抽 鞭条 这 抽打

皇帝就挥鞭抽打乌鸦,

朝 变 马 年 反
Zaaul* biangs*max nix waad*.
抽 马鞭 这 抽打

皇帝就拿马鞭抽打乌鸦。

鸭 败 土 告 已 然 皇
Al bail duh* jaucseic* raanz weangz,
乌鸦 去 站 房顶尖 家 皇帝

乌鸦就去站在皇帝家的
房顶上,

鸭 败 土 告 然 然 皇
Al bail duh* jauc raanz raanz weangz.
乌鸦 去 站 头 房 家 皇帝

乌鸦就去站在皇帝家房角。

皇 省 利 力 乱
Weangz singx* lis* liz* luanz*,
皇帝 不停 慌张 很

皇帝很慌张,

皇 省 国 力 赖
Weangz singx* guadt* liz* laiz*.
皇帝 不停 紧张 很

皇帝很紧张。

官 密 细 问 纸
Goons miz sil* hams sal①,
从前 有 事 问 纸

从前凡有事就问书上②,

---

① miz,原意指"不""没有",这里指"有"。而后的 sal,原意指"纸",这里指"书"。
② "问书上",即查阅图书。

乎 密 麻 问 包
Ndux miz maz hams baus.
古代 有 啥 问 智者

古时凡有事就问智者。

败 问 包龙托
Bail hams Bauslongzdoz,
去 问 包龙托

去问包龙托①，

败 问 猪 龙 干
Bail hams Mullongzganh.
去 问 木龙干

去问木龙干。

包 龙 托 央 泥
Bauslongzdoz yiangh nauc*,
包龙托 才 说

包龙托才说，

猪 龙 干 央 说
Mullongzganh yiangh nauz.
木龙干 才 说

木龙干才讲。

完 门 赖 要 海
Wanz* mengz laic* aul haec,
天 你 如 要 给

如果你希望生活好，

完 门 爱 要 利
Wanz* mengz ngaaih* aul ndil.
天 你 爱 要 好

如果你希望过得好。

姑 步 克 书 尾
Gul bus* gaezsul weih*,
我 讲 你们 听

我讲给你们听，

姑 牌 皆 书 败
Gul beis* gaezsul bail.
我 吐 你们 去

我指给你们去。

忙 忙 败 正 绕
Hanl hanl bail riangs*rauz* ②,
快 快 去 解绑

快快去做解绑，

---

① "包龙托"（又译为"布洛陀"）及下句的"木龙干"（又译为"摩洛呷"）均为布依族传说中的造物主。

② "riangs*rauz*"及以下的"rings*ras*"，均指布依族的一种驱邪、解绑仪式。布依族传统观念认为，凡是某家遇到牛马摔崖死、蛇进家或某人突生疾病、某家房屋倒塌等，均被视为不吉利，必须要请摩师择吉日举行驱邪仪式，一切才会顺利。

忙　忙　败　要　界
Hanl hanl bail aul gail*①.
快　快　去　要　祭祀

快快去做祭祀，

忙　忙　败　正　永
Hanl hanl bail riangs*ras*,
快　快　去　解绑

快快去做解绑，

忙　忙　败　大　界
Hanl hanl bail ndagt*gail*.
快　快　去　驱邪

快快去做驱邪。

密　要　麻　占　界
Miz aul naz riux* gail*,
不　要　啥　同　祭祀

不要啥同祭祀，

独　鸡　黑　　相　鸭　占　界
Duezgais wanx* langl al riux* gail*,
　鸡　　黑　　和　乌鸦　同　祭祀

要一只黑公鸡和乌鸦同祭祀，

独　鸡　白　相　有　占　界
Duezgais haaul langl yauz* riux* gail*.
　鸡　　白　和　鹉　同　祭祀

要一只白公鸡和鹉同祭祀。

可　齐　慢
Gueh jiz* maail*,
做　就　吉利

祭祀就吉利，

界　齐　好
Gail* jiz* ndil,
祭祀　就　好

祭祀就顺利，

养　去　同　独　书　补　厘　利
Yiangh jih* dungx duezsul bux nix ndil.
才　就　同　你们　人　这　好

大家才一起顺利。

朵　犭　央　败　拃
Doc* xeenz yiangh bail ral,
留　钱　才　去　找

有钱就去找鸡，

<hr>

① "gail*" 及以下的 "ndagt*gail*"，均指"祭祀"。

朵　犭　央　败　买
Doc* xeenz yiangh bail zeix*,
　留　钱　才　去　买

有钱就去买鸡，

朵　犭　央　败　路
Doc* xeenz yiangh bail ronl,
　留　钱　才　去　路

有钱就上街去买鸡，

朵　犭　央　败　买
Doc* xeenz yiangh bail zeix*.
　留　钱　才　去　买

有钱就去买鸡。

　贯　得　独　鸡　佬
Goons ndaix duezgais laaus*[①],
　从前　得　鸡　半大

从前得一只半大鸡，

　少　鸡　翁
Saauh* gais hungl*.
　如同　鸡　大

得一只大鸡。

　鸡　问　X
Gais wanz* ridt*,
　鸡　冠　立

得一只冠雄立的鸡，

　鸡　八　年
Gais beedt bil.
　鸡　八　年

得一只养了八年的鸡。

　鸡　问　茹
Gais wanz* rux*,
　鸡　冠　重

得一只鸡冠重的鸡，

　鸡　九　年
Gais guc bil.
　鸡　九　年

得一只养了九年的鸡。

　央　拿　妈　正　永
Yiangh dez mal riangh*ral*,
　才　拿　来　解绑

才拿来做解绑，

①laaus*，有"半大""成熟""青年"等义，这里指"半大"。

央　拿　妈　大　界
Yiangh dez mal ndagt* gail*.
才　拿　来　祭祀

才拿来做祭祀。

央　拿　妈　林　绕
Yiangh dez mal riangh* rauz*,
才　拿　来　解绑

才拿来做解绑，

央　拿　妈　要　界
Yiangh dez mal aul gail*.
才　拿　来　要　驱邪

才拿来做驱邪。

可　齐　慢
Gueh jiz* maail*,
做　就　吉利

祭祀就吉利，

界　齐　好
Gail* jiz* ndil.
祭祀　就　好

祭祀就顺利。

界　齐　清　齐　宵
Gail* jiz* sael jiz* sual*,
祭祀　就　干净　就　清洁

祭祀后家里就干干净净，

界　齐　宵　齐　流
Gail* jiz* saul* jiz* liuz*.
祭祀　就　清洁　就　顺利

祭祀后家里就顺顺利利。

界　密　磋　彭　况　书　补
Gail* miz xos beangz guangs* sul bux,
祭祀　不　在　地方　宽　你们　人

祭祀后乌鸦就不在你们的地方了，

界　密　占　奔　命
Gail* miz riux* benl*mingh.
祭祀　不　同　命

祭祀后乌鸦就不再纠缠了。

界　齐　清　齐　宵
Gail* jiz* sael jiz* saul*,
祭祀　就　干净　就　清洁

祭祀后家里就干干净净，

界　齐　宵　齐　流
Gail* jiz* saul* jiz* liuz*.
祭祀　就　清洁　就　顺利

祭祀后家里就顺顺利利。

界 败 拃 补窝
Gail* bail xos buxwoh*,
祭祀 去 在 其他人

解[①]去给其他人，

界 败 左 补郎
Gail* bail* xos buxlangl.
祭祀 去 在 后人

解去给后人。

界 败 补 同 年 同 月
Gail* bail bux gongl* bil gongl* ndianl,
祭祀 去 人 同 年 同 月

解去给同年同月生的人，[②]

界 败 补 同 时 同 日
Gail* bail bux gongl* xez gongl* ngonz.
祭祀 去 人 同 时 同 日

解去给同日同时生的人。

界 败 坡 泥 寡
Gail* bail bol naamh laagt*,
祭祀 去 坡 泥土 垮

解去垮泥土的坡，

界 败 百 天 路
Gail* bail bas ngonz ronl.
祭祀 去 百 日 路

解去要走百日以上路程的路。[③]

一 才 独 台 兮
Ndeeul zaanc* duez daaic*rid*,
一 推 "台兮鬼"

一推"台兮鬼"[④]，[⑤]

二 才 独 台 必
Ngih zaanc* duez daaic*bidt*,
二 推 "台必鬼"

二推"台必鬼"，

三 才 独 台 乃
Saaml zaanc* duez daaic*raic*,
三 推 "台乃鬼"

三推"台乃鬼"，

---

① "解"，指"解绑"。

② 这句及下句，指经过请摩师做祭祀后，不吉利的东西（如鬼等）已被驱赶走，不再纠缠主人家，主人家就大吉大利了。

③ 比喻路程很遥远。

④ "台兮鬼"及以下提到的"台必鬼"等，均是布依族传说中的鬼。

⑤ 这句及以下几句，比喻把各种不吉利的鬼赶走。

四　才　独　死　摆　月　日
Sis zaanc* duez daail baaih ndianl ngonz,
　四　推　　鬼　死　边　月　日

四推死于不吉利时日的鬼，

五　才　独　皇　登　往　浪
Hac zaanc* duez weangz wax*weangc*langl,
　五　推　　皇登鬼　　　后山冲

五推后山冲的皇登鬼，

六　才　独　摆　浪　阎　刀
Rogt zaanc* duez baaihlangl didt*daaus,
　六　推　鬼　后面　　转回

六推转回后面的鬼，

七　才　独　讲　绵　讲　汗
Xadt zaanc* duez gaangc Miz* gaangc haaus,
　七　推　鬼　讲　密　讲　话

七推讲密[①]语的鬼，

八　才　独　歪　米　轮　纳
Beedt zaanc* duez waaih* haux ndaelnaz,
　八　推　鬼　坏　稻谷　田里

八推破坏田里稻谷的鬼，

九　才　独　歪　犭　轮　帛
Guc zaanc* duez waaih* xeenz ndaeleeux,
　九　推　鬼　坏　钱　仓里

九推破坏仓里金钱的鬼，

十　才　独　鸭　败
Xib zaanc* duezal bail,
　十　推　乌鸦　去

十推乌鸦离开（走），

十一　才　齐　出　那　赖
Xibidt zaanc* jiz* os laclail,
　十一　推　就　出　梯坎

十一推鬼出梯坎下，

十二　才　齐　败　那　字
Xibngih zaanc* jiz* bail lacsec*.
　十二　推　就　去　屋檐下

十二推鬼去屋檐外。

才　败　坡　泥　寡
Zaanc* bail bol naamh laagt*,
　推　去　坡　泥土　垮

推去垮泥土的山坡，

_____

① "密"，部落名，指古代一个部落，今已消失。

才　败　百　天　路
Zaanc* bail baagt* ngonz ronl，
推　去　百　日　路

　　推去要走百日以上路程的路，

才　了　败　了
Byaaic bai bail bai.
走　了　去　了

　　走了去了。

GAIC* GAAIS NDIL ／解吉利 ①

雅　皇　谟　朝　　洞
Yahweangzmox zaaux* dungs*,
　皇谟婆　　　造　生

皇谟婆 ② 造生，

雅　皇　洞　朝　　死
Yahweangzdungs zaaux* daail.
　皇洞婆　　　造　死

皇洞婆造死。

三　　兄弟　长　里
Saaml bixnuangx zaad* lic*,
　三　　兄弟　　解绑

主人家 ③ 三兄弟要做解绑，

四　兄弟　长　　放
Sis bixnuangx zaad* zuangs*.
四　兄弟　　祭祀

四兄弟要做祭祀。

三　　兄弟　长　里
Saaml bixnuangx zaad* lic*,
　三　　兄弟　　祭祀

三兄弟要做祭祀，

四　兄弟　长　坝
Sis bixnuangx zaad* waail.
四　兄弟　塞　水坝

四兄弟筑水坝。

坝　　堂登于　寡
Waail dangz dinl yiz* laagt*,
水坝　到　脚　就　垮

坝从底部垮，

---

①　这篇摩经文献的原标题叫"改重丧"，方言，"改"指"解绑"，"重丧"指"不吉利的事"。布依族民俗观认为，凡家里遇到不吉利的事情，需要请摩师来家里择吉日举办"驱邪"仪式，之后，家里就平安大吉、万事顺利。

②　"皇谟婆"及下句的"皇洞婆"均为布依族传说中的神婆。

③　"主人家"，指"举办驱邪（解绑）"仪式的家庭。

寡　败　那　儿　坝
Laagt* bail nac lag waail.
　垮　去 面前 儿　坝

　　　　　　　　　　　　　　垮在孩儿的面前。

　崩　败　相　个　巴
Lams* bail doh* ndanl bah*,
　垮　去　坝　个　坝

　　　　　　　　　　　　　　垮到大田坝，

　寡　败　相　个　桃
Laagt* bail doh* ndanl daauz*.
　垮　去　坝　个　桃

　　　　　　　　　　　　　　垮到桃子冲。

　赖　密　界　崩　厘
Laiz* miz gail* lams* nix,
　如果 不 祭祀 垮　这

　　　　　　　　　　　　　　如果不祭祀"垮"①，

　怕　崩　儿　崩　孙
Laaul lams* leg lams* laanl,
　怕　垮　儿　垮

　　　　　　　　　　　　　　主家怕儿孙也垮，

　怕　崩　身　崩　命
Laaul lams* ndaangl lams* mingh.
　怕　垮　身　垮　命

　　　　　　　　　　　　　　怕垮身垮命。

　怕　崩　牛　广　那
Laaul lams* zeiz* guangs*lac,
　怕　垮　黄牛　下坎

　　　　　　　　　　　　　　怕下坎的黄牛摔倒，

　怕　崩　马　广　上
Laaul lams* max guangs* genz.
　怕　垮　马　上坎

　　　　　　　　　　　　　　怕上坎的马摔倒。

　怕　崩　鸭　轮　乃
Laaul lams* bidt ndael naic*,
　怕　垮　鸭　里　笼

　　　　　　　　　　　　　　怕鸭笼里的鸭死，

　怕　崩　鸡　轮　绕
Laaul lams* gais ndael rauz.
　怕　垮　鸡　里　窝

　　　　　　　　　　　　　　怕鸡窝里的鸡死。

怕　崩　米　轮　一

---

　　①"垮"，多义词，有"摔倒""病倒""垮塌""崩塌""死亡"等义。布依族传统文化观认为，人凡是在逢"垮"的那一天去世，是很不吉利的，对后人影响不好，因此要请摩师来择吉日，做"解绑"驱邪仪式，后人才顺利。

Laaul lams* haux ndael yiz*,
怕 垮 粮食 里 粮仓

怕粮仓里的粮食坏，

怕 崩 犭 轮 由
Laaul lams* xeenz ndael eeux.
怕 垮 钱 里 仓

怕仓里的钱不翼而飞。

省 陈 乱 立 林
Singx* banz luans* liz*linz*,
不停 成 乱 慌张

主人家不停地慌张，

省 陈 国 立 赖
Singx* banz guanz* liz*laiz*.
不停 成 紧张

不停地紧张。

败 问 包龙托
Bail hams Bauslongzdoz,
去 问 包龙托

去问包龙托 ①，

败 问 猪龙干
Bail hams Mullongzganh.
去 问 木龙干

去问木龙干。

包龙托 央 泥
Bauslongzdoz yiangh nauc*,
包龙托 才 说

包龙托才说，

猪 龙干 央 说
Mullongzganh yiangh nauz.
木龙干 才 说

木龙干才讲。

完 门 赖 要 海
Wanz* mengz laic* aul haec,
天 你 如 要 给

如果你希望生活好，

完 门 爱 要 利
Wanz* mengz ngaaih* aul ndil.
天 你 爱 要 好

如果你希望过得好。

姑 步 克 书 尾
Gul bus* gaezsul weih*,
我 讲 你们 听

我讲给你们听，

① "包龙托"及下句的"木龙干"，均是布依族传说中的造物主。

133

姑　牌　皆书　败
Gul beis* gaezsul bail.
我　吐　你们　去

我指给你们去。

忙　忙　败　正　绕
Hanl hanl bail riangs*rauz*,
快　快　去　解绑

快快去做解绑，

忙　忙　败　要　界
Hanl hanl bail aul gail*.
快　快　去　要祭祀

快快去做祭祀。

忙　忙　败　正　永
Hanl hanl bail riangs*ras*,
快　快　去　解绑

快快去做解绑，

忙　忙　败　大　界
Hanl hanl bail ndagt*gail*.
快　快　去　驱邪

快快去做驱邪。

密　要　麻　占　界
Miz aul naz riux* gail*,
不要　啥　同　祭祀

不要啥同祭祀，

独　猪　佬　占　界
Duezmul laaus* riux* gail*,
猪　半大　同　祭祀

要一头半大的猪同祭祀，

少　猪　翁　占　界
Saauh* mul hungl* riux* gail*.
如同　猪　大　同　祭祀

要一头大肥猪同祭祀。

可　齐　慢
Gueh jiz* maail*,
做　就　吉利

祭祀就吉利，

界　齐　好
Gail* jiz* ndil.
祭祀　就　好

祭祀就顺利。

买　得　独　猪　佬
Zeix* ndaix duezmul laaus*,
买　得　猪　半大

买得半大的猪，

· 134 ·

少　猪　翁
Saauh* mul hungl*.
如同　猪　大

买得大肥猪。

　央　拿　妈　正　绕
Yiangh dez mal riangh* rauz*,
　才　那　来　解绑

才拿来做解绑，

　央　拿　妈　大　界
Yiangh dez mal ndagt* gail*.
　才　拿　来　祭祀

才拿来做祭祀。

　央　拿　妈　正　永
Yiangh dez mal riangh* ral*,
　才　拿　来　解绑

才拿来做解绑，

　央　拿　妈　大　界
Yiangh dez mal ndagt* gail*.
　才　拿　来　驱邪

才拿来做驱邪。

　界齐密崩儿崩孙
Gail* jiz* miz lams* leg lams* laanl,
祭祀就不垮儿垮孙

祭祀了儿孙就顺利，

密　崩　身　崩　命
Miz lams* ndaangl lams* mingh.
不　垮　身　垮　命

祭祀了家人身体健康。

密　崩　包　崩　要
Miz lams* baus lams* aaul,
不　垮　家　垮　族

祭祀了家族人顺利，

密　崩　兄　崩　弟
Miz lams* bix lams* nuangx.
不　垮　兄　垮　弟

祭祀了兄和弟都顺利。

密　崩　牛　广　那
Miz lams* zeiz* guangs*lac,
不　垮　黄牛　下坎

祭祀了下坎的黄牛健壮，

密　崩　马　广　上
Miz lams* max guangs*genz.
不　垮　马　上坎

祭祀了上坎的马健壮。

密　崩　鸭　轮　乃
Miz lams* bidt ndael naic*,
不　垮　鸭　里　笼

祭祀了鸭笼里的鸭成群，

密　崩　鸡　轮　绕
Miz lams* gais ndael rauz.
不　垮　鸡　里　窝

祭祀了鸡窝里的鸡成群。

密　崩　米　轮　一
Miz lams* haux ndael yiz*,
不　垮　粮　里　仓

祭祀了粮满仓，

密　崩　犭　轮　由
Miz lams* xeenz ndael eeux.
不　垮　钱　里　仓

祭祀了钱满袋。

界　崩　厘　败　上
Gail* lams* nix bail saangl,
祭祀　垮　这　去　高

从今祭祀后，

鬼　拿　犭　到　送
Faangz dez xeenz dauc haec.
鬼　拿　钱　来　给

鬼拿钱来送给主人家。

界　崩　厘　败　更
Gail* lams* nix bail genz,
祭祀　垮　这　去　上

从今祭祀后，

问　拿　犭　到　送
Wenz dez xeenz dauc haec.
人　拿　钱　来　给

人拿钱来送给主人家。

界　齐　清　齐　宵
Gail* jiz* sael jiz* saul*,
祭祀　就　干净　就　清洁

祭祀后家里就干干净净，

界　齐　宵　齐　流
Gail* jiz* saul* jiz* liuz*.
祭祀　就　清洁　就　顺利

祭祀后家里就顺顺利利。

界　败　朝　蒲　摸
Gail* bail xos buxmos,
祭祀　去　给　新人

祭祀让新人顺利，

界　败　左　蒲　浪
Gail* bail xos buxlangl.
祭祀　去　给　后人

祭祀让后人顺利。

界　败　蒲　共　年　共　月
Gail* bail bux gongs* bil gongs* ndianl,
祭祀　去　人　共　年　共　月

祭祀给那些同年同月出生的人，

界　败　蒲　共　时　共　日
Gail* bail bux gongs* zeiz* gongs* ngonz.
祭祀　去　人　共　时辰　共　天

祭祀给那些同日子同时辰出生的人。

附录：原经文影印

MOL ZAAUX* RAANZ／朝然经

堂由蒲漢什景兔刀諸堂缺第八
他堂兔他坐兔刀堂麻密若坐去鴻當
畫去鬮鐵去鬮當去鬮柱去居
居汪內陳三仙七居汪外陳七仙寬官初
裙兔枸正初衣兔裕拜然尤初媽媽的省
笑兔拿拜說初八八的省笑乾媽笑凹笑
乾媽笑凹密巫八笑乾密止兔止戎可鬮
蒲戎到送由兔占由可鬮蒲由到送牲到

二同木荅到二板木覧到二攔浪院攔听
拜吹罵水鐵到曰更擺桃敗桃乃水鐵他
曰更肉鐵菜罵下屍鐵罵敗上拿敗初上
巖拿敗院納堂利迪祀止馬齊陳祀已馬
利迪查止表齊陳查已表祀已馬厘遠查
巳袁厘由祀敗已兔敗枷遠查
路敗初兔阿路敗初枷所
敗教去山爺去張去山寬去串鐵厘岑敗

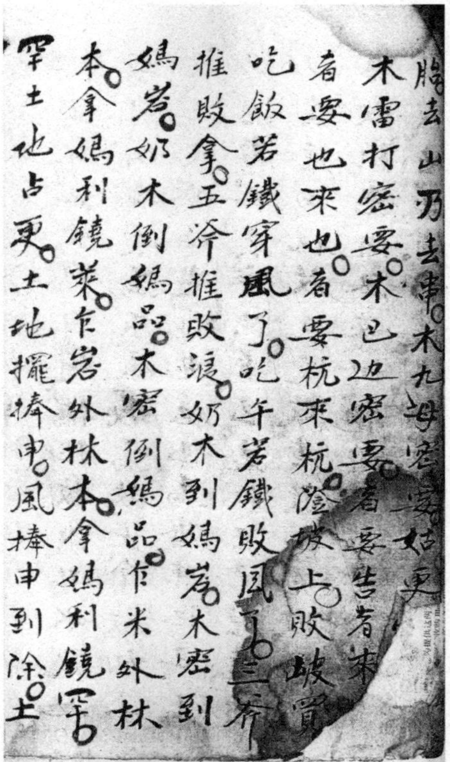

胎去山乃去串○木九母宏安姑更
木雷打密要○木已边密要者要告者来
者要也来也○者要杭来杭○陰坡上○敗岐貫
吃飯若鐵穿風了○吃午若鐵敗風了○三斧
推敗拿○五斧推敗退○奶木到媽岩○木密到
媽岩○奶木倒媽品○木密倒媽品○卜米外林
本拿媽利鏡菜○卜岩外林本○拿媽利鏡罡○
罡土地占更○土地擺捧串○風捧串到除○土

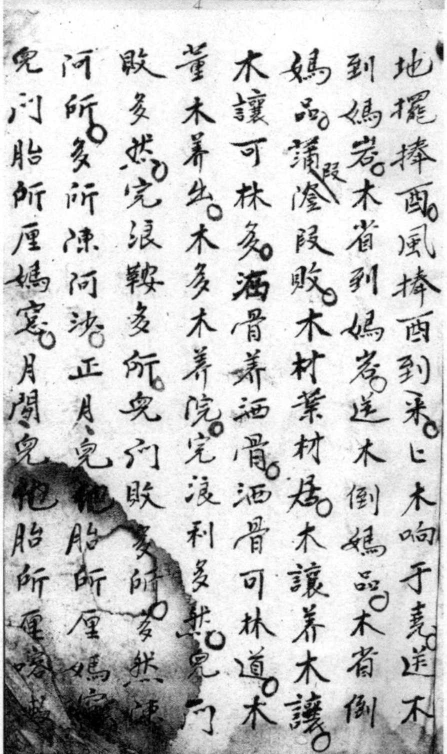

地擺捧酉○風捧酉到来○匕木响于堯送木
到媽岩○木省到媽岩送木倒媽品○木省倒
媽品○蒲陰段敗○木材葉材居○木讓养木讓○
木讓可林多○酒骨养酒骨○酒骨可林道○木
董木养出○木多木养院○完浪利多然○兜冂
敗多然○完浪鞍多所○兜冂敗多所○多然陳
河所○多所陳河沙○正月兜○絶胎所厘媽宗
兜冂胎所厘媽寃○月閏兜○絶胎所厘嵤敀

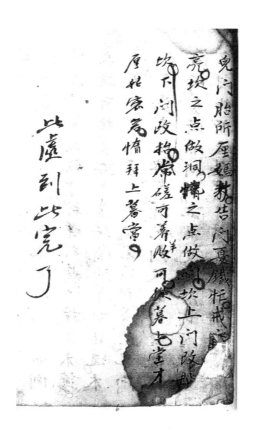

此處到此完了

墓告

立獺半岥勞半岥勞就僅就僅要雅扶雅。
扶多鴨蒲送扶奶雅扶奶夹㭎时可胎恨。
大雅扶那尖恨时可兄恨弟占门講因归。
占门以年月因归列年月少恨子门。
抗業门志门抗少门㑅门杭業门六十七。
十送门议達連门杭業门八十九七点门。

议達來赖门议達点乱的省赖依身的议。
门講手的省赖扏巴的占门講赖礚魂门。
讯壤笠魂门讯阁拿礚阁木袍拿礚造木。
夜拿礚狗二索拿礚奴二院拿礚向二化。
拿礚狗二索拿礚那二龙败納景十杭败。
浪景十㘯魂门占落水魂败納景十杭败。
景十石魂门処落水魂门礼硃皆魂门再。
硚仙三脚棹然仙傷得三推醋四脚棹然。

仙陽仍四推水牛更豆王氷然仙间陈黄
相定肉陈拐粗遇处肝对坐仙对坐仙磋
猫长可包然仙嫁兔孫死乃他上陽门上
閑他上陽上了他上陽密牛卡窝门省牛
密牛按浪门省牛下陽他下陽下了他下陽
卡窝他下陽门下陽下陽錘定字胡香堂定
钉胡若堂董亮暮狂堂外第狗唑公雞高
牡珵雞輪寨叫围兔扒夾告铁兔扒並告

寇兔洒置洒陈個豆彼兔居敗居置
居敗臉颓緑居上告门狗桃仍
窝浪巴门狗拿媽僧养雇散媽喠明
西取產下那明西界上乃汗浪深那汗密
浪深那乃夏那深身下密娘深身他動乃
他更尺上门動乃密更尺上他動乃笋
坐门動乃密更笋坐他動乃若好门動乃
麻密若姃動乃杀猪公動重朵猪每動者

朝然经

茶猪几果鬼外鬼然果堂垃那字果鬼扶

那赖鸭败界巴井乃俄潨到托俄海於密

托猪败书那由万俄羅到托俄罢於密托

皿的得皮彭二彭毛的得皮们二们兔犬

皆背门刀摆断败了鸭犬腊背门骨又管

骨膏奶盖俉三个造扶乃盖俉四个彩狱

很降扶那夏扶笈更塘纳送者塘纳於密

者更肝抵送太肝抵於密太更肝太咒当

肝太於密当乃包雅雅到蕩巴雅於密蕩乃

鬼然到孔鬼然於密孔巴雅蕩少厘鬼然

孔少厘命卡更少厘文卡憂少厘命门諾

更觉怕更根败了漢修矛外箓董败夏澄

笡托八奶门扶年厘漢修矛外箓董败吵

澄命托殿诸门扶厘周一门放夢挖土月

二门放夢朝纳三月门放夢独牙卞败挖

由抵四月门放夢菜造土坑然五月门放

夢當湯馬斯三礁六月门放夢河海底相
闯七月门放夢得長內蛇八月门放夢得
迪內海九月门放夢珑麻栽三等十月门
放夢臂土黃三埧十一月门放夢臂田黃
三魂十二月放夢可奶可卡攸浪门可奶
可卡攸浪打釘放夢朝景造放夢话卡告放
放夢哭吹木葉夜笑卡救放夢话卡告放
夢死乃說解夢门於门改夢门洒彭等洒

彭綿上等綿下夏扶蘇遮骨若彭菜抗包
公狗吽貴才董幽埧卡崩乃說改夢门於
密改夢门兑他低當金兑门省议埧兑他
低堂押兑门省议亚拿訶金上天兑訶金
上天他拿押上寔兑拿押上寔土天三十
六綫都他拿押败張兑拿押败陆上天三
十六闹寔他拿押败救兑拿押败救金攸
三湾午兑堂三湾午押攸五天路兑堂五

附录：原经文影印

天路金攸三鷹末兑堂三灣味押攸毛天
路兑堂七天路金攸三鷹酉兑堂三鷹酉
押攸九天路兑堂九天路兑門等堂金金
省到十墹兑門等堂押於省到十平米初
招押更魚初彭押僅尖押僅废押更
押更押更了押豆了押更了票敗米敢賣
押洒米谷賣押克三个招破又八个招棒
酉九个招棒申押納奔密從押納諾密話

奔密從更谷豆密諾更散押密夂話扶押
納奔密從押納諾密話奔密從更谷豆密
從更並押密想話扶押媽音門初無扶朵
林押媽倄門初跐仙朵赖押音脚敗点門
省降告招門音窩赖条押音門省
泽告秋門音养赖条押敗接倔笠上患門
拿个立拌門尙門攸利密麻肝攸浪省粘
門攸利蜥猫身高门厘酒卧押省吹纏一

送门押者標纏血送门才约妈少厘条南
寨密雅近孫送门敗近择丝密文近歪送
门敗近歪门省吹纏一送押门省標纏血
送押才姑妈条南寨密雅近择姑密
敗近孫丝密文近歪姑密敗近歪押攸吹
纏一送门押者標纏血送门才门妈厘
条南浪少能更尺更寫门密講敗淋浪
门密所敗浪淋完浪少能更尺更遄门密

講遄淋郎门密愛敗淋完门攸吹纏一
送押门省標纏血送押才姑妈火厘条南
浪少能更尺更寫高姑密講敗寫淋浪姑密
所敗浪淋完浪少能更尺更遄姑密講敗
遄淋郎姑密愛敗浪淋完门攸吹纏一送
门押攸標纏血送门堂梭由三柱四柱若
门堂磨以西樹劳柱条若兄
门堂磨以若兄
弟半垃弄淋湯酒米敬光當陽亮点困若

内堂磨以门省吹纏一送押门省標纏典

送押堂楼由二柱粘於堂媽了西樹

劳柱多粘於堂媽了若兄弟半垃弄煬

頂米散光当煬亮点困粘於堂媽了门省

吹押刀门省脳押罵押省刀立林押省敗

立嬾金攸三湾酉刀敗二湾酉押攸九天

路刀敗九天路金攸三湾未刀敗三湾未

押攸七天路刀敗七天路金攸三湾午刀

敗三湾午押攸五天路刀敗五天路敗天

未接天中兔门若议工兔门若议千若议

覆巳当若议千告賴劳金拿魂來金密拿

魂罵乃押拿魂刀押宻拿魂堂霧

要边粉要到朴拿魂堂粉黑血粉黑到摧

拿魂堂粉乃拿堂粉到一牛乃坎牛连兔喝

牙西相兔冷鱸頼断乃

造间兔冷塵頼断已了豪牙流秧剃求造

间。兜了送金敗以媽。兜了送押敗以刄。報
堂奎ㄖ一。奎ㄖ一𠰘土怌罵。報堂奎台之。
奎ㄖ二𠰘田怌到。泥土哥奎定奎到。泥田
哥（奎）养奎到。泥紅哥奎卡奎到。泥田个奎养
奎到。二定二若多奎到。二窩二若廷奎到。
米𠰘汝奎更。魚𠰘彭奎犬。央奎犬奎犬。廷
奎更奎更。奎更了。奎豆了。奎更了霒敗。手
石閙眼㑇。手左接ㄖ地當查。下拜利水𧊅。

下拜打水抗。閙撓竹了賣。閙撓冩了㞎。奎
了斷來奎了壞。奎了斷𠰘閙。奎了壞𠰘斷。
乚𠰘閙笛斷。壞𠰘〇黃笛得。利可任打㴱。
脊成狂打㴱。利可㳙打謝。脊成㳙打謝。狂
打㴱閙謝。淺打謝放索。奎利扶秧愛。奎歹
扶秧走皆地。奎秧上敗上秧哩。奎秧上敗
了说（秧）。井了要克了攸利。井了寬皮天恨輪
攸利。雨边雨百当。雨敗雨百羅。雀抗可媽。

布依族摩经典籍译注系列

朝然经

岜雀故岜媽忍雀欸侃媽長奎夾夾板細
送銅送銅拿水而銅省拿水而奎夾夾粮
低送就送就省拿水上水省上
西呸水到呸媽上金夾別巴麻敗上怕着
延浪敗奎夾別巴麻敗下怕着下浪砂金
夾別巴麻敗羔夾來义水要夾來敷水羣
夾來茗水清拿去托羣產敗托腊於蒲
溪到賣鍋蒲腊到賣义羣三脚媽擺鍋耳

义媽當文木讓媽長之水熟立甑科冬李
浪立利雛一蒲老李浪桃利雛白蒲
老兜怕臉門一段旁細媽皆兜怕口門臭
要西三媽碓之手右叒延碓上碓
手右宥保塘田兜門碓手左育保茅帛兜
門兜怕餓怕信修素笙敗吊兜怕矛敗溪
修粟東媽外床死環米朝义死到攸浪床
死摸米宥义死利攸浪兜敗高山脚山鄉

扶送瓜鬼敗问梭打籹捄扶送恙彭蒲漢
厘木彭蒲翁厘木盂同上厘木娃蒲漢厘
木呵狲敗樣兜七土敗樣兜土敗点炉亚
陽亚的破手左兜密要亚完兜敗点亚一
亚二克他擺手右兜密要亚完兜敗点亚
四亚的破雅逓亚的擺怒別亚的別
尖剥兜密要亚完尓𭅭土盖大门利領亚
密漢尓𭅭壩路的门利領亚密漢之說尓

尓𭅭土盖大粘刀密厘尓𭅭壩路的粘中亚
了兜𭅭利敗樣兜七土敗樣兜望去望來
一說亚厘好兜居敗罵一說亚厘穩要
的黑牛内的駡咨賴到讀價罗漢到瓦要
罗漢化界上门賣皮勞化漢之說化界上
粘賣皮馬二馬彭都臥密有金見到可馬
门一要罗汗化店下门賴皮展一汗之說
𭅭店下粘賣皮有二有彭都臥密有金見

· 151 ·

到哥有月母要買牲兩化有月賴皮漓吓○

吓∴说兩化有咕賣皮尧二尧彭都卧密

尧金艮到可尧门一要買汛○兩化

賣皮浪一吓∴说兩化當討咕賣皮羊二○

羊彭都卧密羊金艮到可弟门一要買吓○

短仔木攸利西桂婌兩班落矛方買秦

仙董媽条落木乃買乃尖坤密攸○

蒲郎拿到河送撬密攸蒲郎瓜到婌送撬

密攸蒲郎拿堂統送撬密攸蒲郎送堂婌

送撬扰住蒲力女兜住蒲力翁更作酒了

采更苦酒了剩抬独牟一沕更作酒了多○

更苦酒了多抬独牟一沕三十蒲央拿堂

統送撬四十蒲央送堂婌送撬趁坎何立

林走光坝立擹走河边立南走光園立擹○

那個忙敗報好郎忙欧说斟飯饒嗟雅媽

飯饒嗟媳斟飯作蒲客蒲客夏到多斟飯

乍贸才贸才夏到绕吃端包要烧烧嗺兄弟

烧挠那个利可朋垂多那个利可保砍铁

那个利败哽蒲长马利跑打上上岐密堂

寿马利跑打下下岐密堂产长攸饮长攸

意长攸定攸低长攸四天路长翁印輪蒲

长乃攸務住帽更到十云刀别牛攸夜别

细弓妈下攸细卡妈下央若納訪门蒲长

米印妆长更鱼印乾长犬央长犬长犬定

长更长更长更了长妈了长更了票败咸同

哥长未袁问台长宽哥粘厘密日台粘才

密猫哥兄哥密厘台兄台密才官要麻可

台升米散可台半米谷可哥骨米猪可母

泹九月可台骨米漆可台泹七月可台皆

難万问茹可台公難万问紅可台皆的哥

门鸡皆的台訪门蒲长蒡养蒲長蒲長

堂元典林修林葉索墨摩败宽尺子梭敢後

多化笪蒲溝落巴可门長多化书蒲漢风
等内密出风等外密教怕门攺密熟怕门
告密利兩崩川密出戌门去年死冩可母
兔牟戌密去年餓冩可二哥崩戌敗消那
忍冩可条养之攸背後夏鳥長妈籠
長鳥夏媽麂長鳥蕘媽聲西恨任媽聲早
燒火及讙皮牟達可救了落台蕘蒲台
蕘來鉄救了落田垻蒲田坝來詩救落浪

凤入若议董门响凤入到磋肉菜大當林
礎菜壵上敗老纳门光皮讓於敗恨閂罋
皮董於敗冩可乃田望冩可排田奄冩可
母牟过常磋可把羊敗瓦重墓上堂才厘
粘密若消敗上墓當

墓告到此完了

墓当

翁冤完左完就在頁了敗就机完再完就

墓居到此纳了

汪内樹八壬汪請樹八飲壬議風飲八飲

議風利議文利姑話議好利姑說汪内樹

八壬汪瞢樹八乃八飲议風乃八乃議風

利說文利姑當設好利姑說排厘垻納下

厘崩頗安客客而厘死頗拿印拿牌厘郎

排厘垻納下厘湯頗瓜董瓜羊厘死頗拿

卯拿牌厘郎堂天井於密蒲胎堂么門於

密蒲走堂天井於密蒲若當董看於密蒲

盤風笑永卡混長卡皆等等吽皆吽團

闹月俰今里摸當瑚陰猪腊忍三保母鵝

老好等六淹猪腊忍三层母鵝老好等七

淹淹匕上笑永淹匕上永哉堂那皆兒笑

亮克呑清卡光黑磨辉若火完三鸭鵝扶蒲

送猪羊扶蒲往鸭鹅扶蒲田猪鸡扶蒲董
兔门永铁等姑说旁化一姑起永铁等姑
垆旁化然姑起永姑起姑起保姑若姑若
永姑起要麻保姑若要麻明天明改麻明
天明居李董败说居李托死送姑当明天
明改麻明天明居立董败说居立托死屋
姑当科向科姑来姑同台姑屋密
曰台姑才密猫科郎科密屋台而台密才

官要麻可台叶米散可台半米谷可台骨
米猪可台活九月可台胃米漆可台䖝七
月可台十六把米田可台十二化米蔼可
台二二轮皆鸭可台一一轮皆七可台母
鸡乃向茄可台公鸡乃向红可台放羊刃
隔金杖腰可台魂分三百放可台魂菜三
百尾可台哥姑等姑得台姑当哥姑
等姑肯算姑利姑当起穿裙起穿摳到镜

講立那敗彭起穿裙起穿平到梳講立魯
敗彭起穿補边改起卡補边細抬面議姑
當起穿補边改起卡補二边丈力議姑當
起穿補边改起卡補边桃厨頭议坫當起
穿補边材穿鞋議姑當起穿補边草敗彭
賣坫當兜密落尕邦送门媽姑落尕邦送
门媽兜坫密落当尕去送门媽姑当尕去送门落
尕邦憂利当尕去送頬敗仙落尕邦憂变

当尕变送頬敗仙改堂米敗納米凍卞肴
壞改堂魚敗井魚敗所水熱改堂頬敗彭
敎相龍密刀改堂米敗納米凍卞肴壞改
堂魚敗井魚敗所腊石改堂頬敗彭敎衔
仙密刀頬他兜睡完睡排厘堂化兜他頬
睡完睡排厘百歲八炏密路那炏查密路
浪路抗密路光密路那皆郎密路浪河冷
酒克牛门得牛克厘门得字冩菜度湯门

得字丢房又婆闩得教诺南闩得朝赖汉
闩得卡抗米正月闩得乾漏酒漏岩早晚
闩风光切米败纳闩风锅可米早晚闩风
光切米败等闩风忍朝米早晚闩风光切
米败界门闩风正朝米早晚闩风光切米败
天闩风彭朝米早晚闩风光切米败瓺闩
闩窗漏酒漏岩早晚闩风董树秋闩风
可尾鬼等闩枥师犁在犁朝闩风去姑去

7

闩长去粘去张送孟郗於脖永颜厘靖闩
子伞四国陈图澄峡笠陈平媳尚补陈崖
媳尚彭陈奶奎挑朵娈重媳拈茉陈樘改
况扶二况教等扶二等改况细密响等况
响取三溪闩上风议伴闩文到看绵闩下
闩议绵闩蒲到音绵上养绵上绵上到三
百仟下养仟下到三仙骨音到三万
到三万官兵去到五万官去到麻颁到麻利

8

到麻利麻景賴到陽屋死賴到秦屋床賴

到乱莫肉賴到竹文生賴到庭文死鉄文

厘荞故省而圍敗介厘文死荞門省而圍

敗也拿敗也蔦岩拿敗排蔦侭拿敗也蔦

朝拿敗燒蔦米早晚田而裁厘藕忙、送

的藕老即死厘張忙、送的張頗即死厘

的变忙、送的变兄弟左门重兄弟商可麻

变忙、送的变兄弟左门重兄弟商可麻

址等重门擾址等到同商密内死頗互相

擾密内壞蒲老相接頗厘蔦米朝圍共勞

耗荞頗厘蔦米岩阗扶死撓美綿上荞綿

上綿上蒲長斥於厘放了翁正住蒲台四

於厘文死更正住蒲即歪埋住蒲即芬綿

上祥岐對於厘放了翁於厘文見女頗死

密戌麻頗死密戌弒即於抬敗去即於出

敗濟戌敗濟元抹中心荞兄门戌敗濟抗

然早吃飯媽奶晚吃朝賣罕早晚罕燈木

晚妈哭滂命费妈尭贯杖怕火此消敚怕
火笑隋哥怕内滥隋罪怕陳为隋骨怕消
骨查扒怕隋看查保毋女哭光限男人哭
光巴臭氣皆文多隋彭江毋女烧乚要隋彭江
限男人哭光巴臭氣皆文
字敗㘘堂乂父竹死磨㘘字敗㘘堂草乚
字敗㘘堂乂父竹死磨以字敗㘘堂髙匕竹敩
竹临磨以字敗磨以字敗㘘農寨匕竹
㘘堂劳匕竹庢磨以字敗㘘農寨匕竹怕

磨以字敗㘘朝门㘘朝门送拿过㘘臦磨以字敗
㘘㘪打㘪打送拿过磨以字敗㘘定内森
土徐磨以字敗㘘堂乂父竹死妈了字敗
㘘堂草乚字敗㘘堂髙匕竹庢磨以字敗㘘堂
寨匕竹拍妈了字敗㘘堂髙匕竹敩
妈了字敗㘘堂乂父竹死妈了字敗㘘堂
妈了字敗㘘朝门㘘朝门送拿过臦
竹临磨以字敗㘘㘪打㘪送拿过妈了字敗
妈了字敗㘘定内森土徐妈了
㘘定内森土徐妈了晩地拿地过搁打究

13

14

弟同姓塘用抵脂大同姓鴨裁像彩帝出
门杀獭拿败笠踊麻若低笠蒲更若抵剥
蒲麻若低剥蒲沙若抵豆蒲麻若低豆蒲
更若低剥蒲麻若低剥丢火若低丢火夏
若低腰卦若低夏完措拿上夏完抗拿
邦坐完乎杀說相蒲蔓尺骨水出摆捧仙
水捧仙省三漢混石七作七作夏個利漢
昆石查細查細攸個利漢兒肘利軍已兒

时厘簾漢央上婭上坎嘮慣央出殿上攺
說低落完杀教落羊角買捃抵落完呵召
落猪狗買抵闌要俄媽议门抵告要菓媽
议门抵劳要俄媽议门抵多困用攺送台
文厘到讀所打裸完收晚完到拜
低攸下攸上完到低攺瞪峻上低落拜坡
買在低菶在低那又在求菶在求
求到颌南密送單那菶密完岩那断密完

望那當抵落完宋扮采拟相個德感墓完
呵哀呵哀弓見夏抵落完呵凹呵凹弓央
雀二添到同渡送菅到同涂下住羕果金
漢腊水到應彭金到嵋漢下落字出膜
下落字路低象以母女擺務媽手左低象
以男人青就駡手左遍免卡陳人免門陳
乌歸惡尺困惡抵床恨低於困床完惡抵
困惡銅床恨低於困床完惡銅困魚河床

恨低於困床完魚河困魚駡床恨低於困
床完魚乌困魚府床恨低於困床完魚府
困魚田床恨低於困床完低二三獨馬抵
四五獨举低十賴獨歪腰可对媽敦敦輪
衔巴光媽怯頻低厘張抵頰仍三朝張抵
頰仍七天然撬井吳卷米敗每人龍迷撬
井吳駡扶克旡拿送迷撬井吳米米敗每
人力迷撬井吳牛拔政拿北送賴拿徹明

天王十志後冤賴拿歟後冤天主吉窗方
天窗方拿路報堂重奎那報堂田奎票字
冩菜寇子奎电字丢房又然奎票笑諾南
奎票朝蒲渓奎票卡抗米正月奎票群陽
酒鳹岩早晚奎票光印米敗納奎票鎚可
米早晚奎票光印米敗等奎票恶朝米早
晚奎票光印米敗界奎票阁斟米早晚奎票董
票光印米敗天奎票彭印米早晚奎票董

木秋奎票巴可延鬼箐奎票昌床陽延陽岩
奎票歸犁扒犁扒奎票奎敗票板細澄花
奎敗票板纸铁若票堂笑文如票當茹艾
富茹门當年将堂近頗茹将堂住頗云
拿及去林柴比豆李柴豆柴完利兄弟
柴豆李柴桃柴包要兄弟兄弟滕门闰
都密滕门姑打莶滕门德姑密滕门侍閏
改那床櫃都密滕门侍文輪天春等姑若

铁奶舂龍收送舂送婧岩铁奶舂扇收悔
舂井姑茗铁奶舂复攸楪舂楪姑茗铁奶
舂母牽老舂所姑茗铁奶舂雀輪等舂瓵
姑茗铁奶瓵犬輪寨舂命姑茗铁奶舂貫
乃三月成姑茗铁奶成貫翁三年舂婧茗
铁奶舂篦泥舂趀蒲破劳破劳蒲劳
皆劳峇破劳峇燈木劳峇嗒澄命蒲鈎稱
亦嗶鈎密因亦嗶蒲推因亦救推因亦救

蒲改音於嗶改密音於喴蒲推因亦救推
密因亦救更魚擺二告更限擺二庯垂床
完央米低床完央立迷烏归兒向吃鱼擺
二告阼圃擺二床正床完央米低床完央
桃送烏柱門　葵到此修息見吃薛

呼門所門所庭门败門省起十日门
省败清熊堂天井於密点書埋门先郎書

堂打如於密岜岜埋间尧郎岜雅端国村
献埋门克郎献骂定变时转埋门克郎转
字罗红门省败吹转字里统门省败吹仙
败字湾然林败仙赖彭昂败字湾然鬼败
上赖彭昂果夏说长本光尼厘乍米岩文死
密萬刀夏说长本光尼厘乍米朝夏说夏
品困文教密萬刀赖死密戌麻赖死戌叶
居教俄住厘赖成若困下夏模围衾皆

赖厘隋低及定黑蒲翁罗赖厘隋写家刹
死墓壤由米怯墓尺与赖厘笠点坐赖死
密戌麻赖死成二撮田下成五攥田写成
母牛角宽成轮业抱王轮乃外围遍轮怀
外寇子轮光外告翁轮告翁抱王赖死密
戌麻赖死成二三个夏成四五个点成七
八文写塘田改男人裙写改母女到分沛
查赖分沛改扶写殺间改扶笑呵连改养

仰兜奎密麻當到則肉當门兜頰密麻當
义木哥到桃金良到松張水眼眼宜亭頗
厘以完死小兜密麻當利同舄當门妈同
哥當门兜女密麻當肩業木當门查埋密
麻當縫衣紅銀亞當门縫衣紙浪綱當门
常可團麻士常可彼攸放常可團纺天常
可彭肉萬常可半肉紅二三輪啥彼一一
輪啥以养切撮樂可抱切撮云相养切屋

悢粮养切産住密凍七八個蒲凍八九個
母雞那吽星宿雞那以怕天肝彭織布細
敗教兜门織布細敗教肝彭織布趙敗冨
兜门織布趙敗冨肝彭要妈可雞遠兜门
要妈可雞當兜门要妈
可雞當了雞兜當頗女く頗當兜筝菜夏
等浪筝浪長貫膓哭鬼長哭乃長魂
落筝菜夏筝浪筝浪長貫同哭鬼長把哭

布依族摩经典籍译注系列

朝然经

抢養魂落材埋平米麻為攬皆改攬改罢

兜孫哭鬼改哭敗攬音哭鸭及笠輪打填

一门改克打鹅及卡輪水胎路利门敗利路

忙门敗横打裸门敗所路角门敗路右路

敗納路左路敗土路十二敗彭堂務住十

刀十住十絶哉胎住泥勒凹紬住泥等麻

胎打海搶布彭更故更浪彭更故彭

要馬駝出彭要剌挑搖要水查密務

旺密一慇彭床完门改攬粤麻完门改凹别

门尊敗海别门左敗到炉訑巴姑裝作敢

俄姑碑下訑巴姑签作訑狐姑富作訑巴

姑蓦作訑俄姑當胎利捧抗天戌利捧抗

務胎利怒巴廟胎利泟翁鞋走利鞋旺羅

胎利抹相所相井密納住死寨堂寨住台

貫井密寨堂納住死寨堂寨住台唱胎梭

利罢凹落巴扶三保母肇老三那利可糖

洒坝纳闷三首大利可等良英胧後利罗
四上败困那帽寨厘寨漏仙彭厘彭漏氷
两迈卖鑫巴那矛卦败天正天九十九條
路太渴反攸万下天九夢坝同叔稚洒陳
攸侯万七卡打同喜稚相扈攸万的攸万富
歪巴的摆旺摆巴荅茹旺香椿午堂才富
知牙改门賴取巴等闷文巴的摆旺摆巴
荅茹旺香椿午堂才腰知牙改门賴取巴

等血文厘蒲庭更皆怪矛李厘蒲庭皆怪矛
鉄犸的怕到鸣密蒲更皆怪矛生养风密
蒲庭省怪矛鉄养门闲眼送门腊埋眼了
那门肓败闲眼送门瓜麻眼了那门肓败
堂梭路歪卷要矛字蒲罗要矛科蒲路彭
戌矛九矛矛败祥腊腊富矛可皮腊腊身彭戌
矛九矛矛败祥腊矛可皮腊身板說本王
摆厘堂摆王楊板說恕王洒厘堂恕王洒

板说未至春厘壹未至春厘水告□□厘
水冲山女那個死偷鴨那個死偷雞七厘
敗相地那個死偷華糠厘澄
相地鵝雞養鴨雞到巓艾牛牟養牛
牟牛牟到巓南林笠牛林春埋密改恨春
林春宇林外理密改恨春板说未木羅國厘
茶擺罗围板说本鲁花厘堂擺鲁花板说
本砑谭厘堂擺砑谭長□说砑谭虚□说

砑銅砑谭到荅□砑銅到荅料堂萬说面
刀堂萬桄年月那個告百歳走砑銅台□走
那個告九七走砑銅台二那個告八七走
砑銅台三那個告七十走砑銅台四那個
告六十走砑銅台五那個告五十走砑銅
台六那個告四十胎砑木根田那個告申
七走砑夏根董那個告二七胎砑木根彭
那個告十年走砑送根董那個告年一二年

变陳蟻腾僖那個告眹一日曰变陳藏匹
弄板说利水田厘堂利水田板说锅水而
厘堂锅水兔哉哭議壓编碟锅水而兔拿
崩到爸鬼拿篤到别上硚厘雅些貨皆信铁
门情卞硚厘雅造貨米婆磋故门短乄滕
巴獨狗曰滕巴獨邻獨省告省刀獨省刀
杀日门省败清然板说本硚谟利堂摆硚
漠板说怒硚铜利堂摆硚铜长乄说硚谟

变陳蟻腾僖那個告眹一日曰变陳藏匹
弄板说利水田厘堂利水田板说锅水而
厘堂锅水兔哉哭議壓编碟锅水而兔拿
崩到爸鬼拿篤到别上硚厘雅些貨皆信铁
门情卞硚厘雅造貨米婆磋故门短乄滕
巴獨狗曰滕巴獨邻獨省告省刀獨省刀
杀日门省败清然板说本硚谟利堂摆硚
漠板说怒硚铜利堂摆硚铜长乄说硚谟

處3说矿铜矿谨到答修矿铜到答科蒲
密友密曰俊介点矿铜矿扶匹查蒲厘
友厘曰养门堂近点矿铜矿翮五摆宽蒲
密友密曰俊介点矿铜矿铜扶巴乃蒲厘
友厘曰养内堂近点矿铜矿铜〈〉十摆宽力
连养巴杳门那柏的五山匹养巴好夏那
怕的割皮竹担於散皮交线於乃皮恨太
於平皮小岩於哉蒲厘友厘曰养门友曰

34

拿门瓜蒲密友密曰食巴雅到营友台一
抗衣友台二抗见友台三带膀友台回扬
食友台匹拉牛友台六瓜巴友台七瓜败到
友台八门拿骨哥到呵友台九拿骨纸到
處好利到拿簸醜看到提鞋勇在提雜簸
板以瓜矿谨点那巴门忙利门瓜矿铜那
恨抗能乚板以瓜矿谨点那巴门来利门
瓜矿铜那恨抗能乚门瓜万笑務门瓜万

笑盃堂裙魚三徒堂九界彭鬼上天尚矛
高利绕下天横矛去利绕上天四保朝下
天四保槽上天白尺送下天鬼品筧貫米
堘礁故门短く膝巴襉豿白堂巴襉如獨
省告省刀襉省刀杀曰门省敗情然三哥
打闻細文利胎密仙门於赖於盃门於
於敗巴打海相蓦吉入瓦密仙门於赖於
盃门於盃於敗明西取散香造仙胎密仙

门於赖於盃闻於盃於敗诡讲甜禾呤刜
堂井水冷板讲水相粪利堂水相粪打水
呤雞定井相粪雞那个當攸膲忍井厘
陳上蒲大凡攸脂吃井厘肴辣眼亮那个
死同宛攸脂忍井厘陳仙造仙忍肴陳尺
能门敗忍肉馬门官门敗西肉鵝门官门
敗西百日兒迪门官懷百日兒連门塘堂
台一中壳上謨賣多做堂台二中壳上謨

以相銅堂台三中臺上谟送水而堂台四
中臺上谟府備約堂台五中臺上谟纏鴨
鵜臺台六中臺上谟雇楷約堂台七中臺
上谟田晒米堂台八台九中臺堂萬井吳
桃堂台十中臺堂萬井吳死堂十一十二
中臺十二壹门瓜怕厘狄莫好怕厘告莫
傳堂台一中莫し敗度闹定堂台二中二
莫敗度闹閲堂台三中莫し闹春敗内堂

台由中莫旁巴等骨卧堂台五中莫敖得
送那脹堂台六中莫旁巴等骨春堂台七
中莫敖街仙那脹堂台八台九中莫堂萬
井吳桃堂台十中莫堂萬傳堂十一
十二中莫门瓜板说井魚水し到
闹姑更利堂井無爻鳥騰硬騰送板说开
無水し到闹姑看利堂井無蛱鳥騰栾騰
送根说井無皆闹班鸠可皆怪星天吃飯

篩老可好造哥占哥及箕占占笙及㑣窑
路尺改浪哥怎哥及箕占笙占开窑路
養改浪火水攞棒仙门敗攞棒仙歲香
七業肴门敗攞業肴藏香厘包雅包攞
利所打罗厘駡巴忙利忙利所度衝厘敷
身可条諾南告可朝蒲漢托衣劳外朝托
衣緵外可姑送门堂利占賴腰姑可姑送
门堂利墓賴到㑣姑奶姑送门堂利占賴

腰姑帳姑送门堂利墓賴到㑣衙姑奶姑
兒就輪送姑賴刀拜送姑兒銅輪㑣姑而
刀敗㑣兒鱼在輪井姑而刀敗井姑兒㑣
輪若姑而刀敗若姑兒文輪塞姑而刀敗
塞兒姑哭吃鱼八姑哭吃肉顏姑哭朝故
別门那魂故姑肴送魂门可歪別门放魂
故姑肴樹魂门可樹別门拿魂故姑肴送
魂抬排別门放魂故姑肴那魂门騎馬騎

馬改相馬夏變改相變説了改相當了
改就木达巴故门省拿巴羊过坑故门省
拿拣肖外庚送獨文敗外复獨鬼攸内媽
魂下媽魂媽魂书蒲長西媽魂蒲向板粘
土巴羊粘罵利粘夹巴鉄粘及板別那同
掌利掉背同磋

墓当到此终了

改朝鸦言语

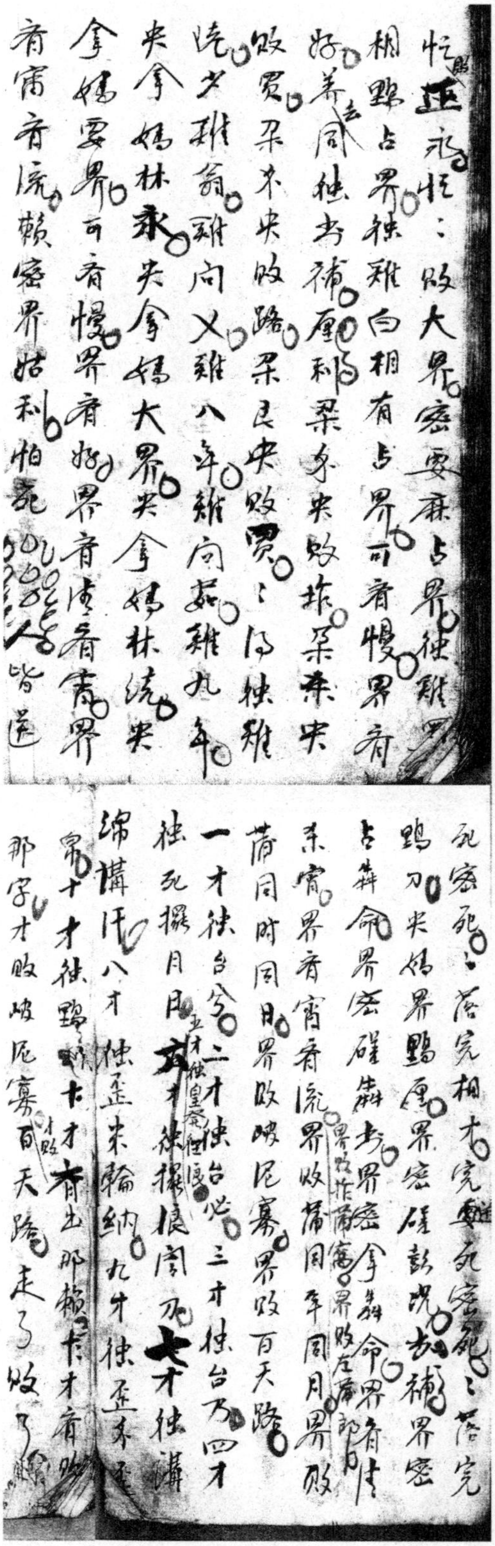

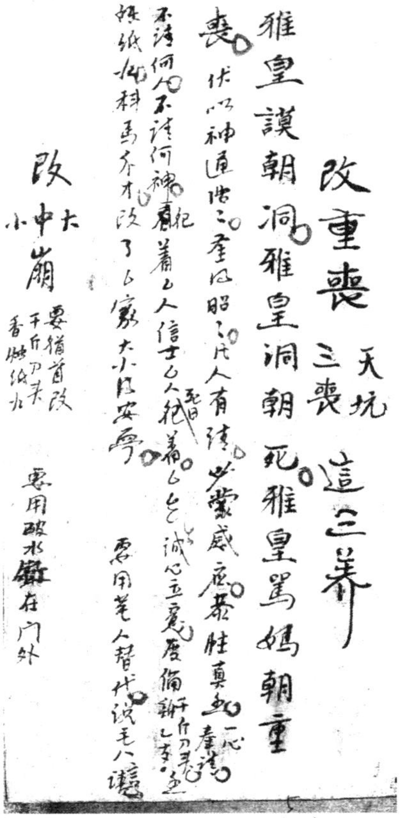

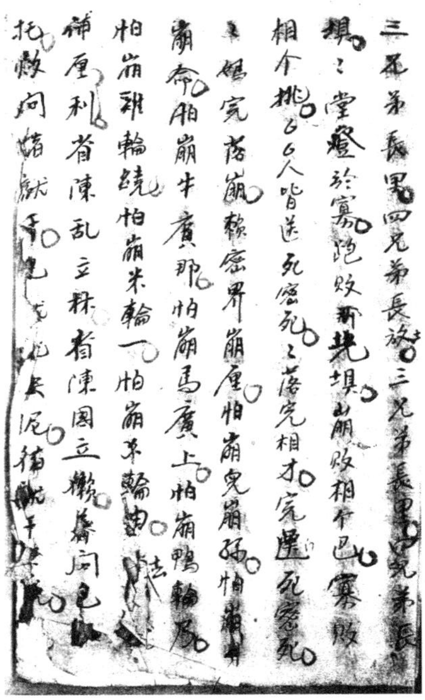

内赖要眛鹤咏泮汋拆忽
尝罪忱汋败上永忙
罪独猪老占罪少猪旬上罪寄头州
善同独去补厘到柔朱夹败非柔柔夹阿
柔芽夹败路柔民夹败宽
风少猪犀夹拿媽大罪夹拿
犒止永夹拿媽大罪青宽崩兑崩拆宽崩
身崩令宽崩包崩要宽崩义崩芽宽崩牛荤郡

败大罪然宽
致大罪然宽

宽崩馬廣上宽崩鸭輪尼逃轮流宽崩米
輪下宽崩未輪由罪崩厘败上鬼拿不耕
逃罪崩厘败更又拿朱到送罪青伟青萧
青宵来流罪败朝萧藐罪败左萧疾
萧共年英月罪败萧妖时共日正萧馬正罪
三五八十士夫日崩三六九卡午日崩
一史八卜巳日崩

后　记

经过近四年的努力，本书终于出版了。

本书是世代流传在贵州省贵阳市花溪区溪北办事处董家堰布依族村寨的一部传统摩经文献，该摩经文献由该村王登富传承。据王登富介绍，他从14岁时就开始跟其爷爷学习这部摩经文献，并跟爷爷一起从事摩活动，后来逐渐成为摩经文献传承的主要人员。如今这部摩经文献仍然在传承使用中。近几年来，每到春节王登富都要召集四五名年轻人到家里来学习这部摩经文献，希望能把这部摩经文献传承下去。

该书在译注过程中，由王登富一字一句地朗诵，郭德宏负责记录并翻译。初稿整理好后，又由王登富逐字逐句地核实，纠正一些翻译不准确的地方。经过四五次的修改，最终成稿。

本书的出版，要感谢贵州省民族古籍整理办公室给予的大力支持，感谢贵州民族出版社将该书列入"布依族摩经典籍译注系列"并申报获"2019年民族文字出版专项资金资助"；感谢贵阳学院教授、布依语文专家周国茂在百忙中为本书作序，并在本书付印前进行文字把关，使本书的质量得到大幅提高。在此，对本书出版给予了大力支持的单位、个人表示衷心的感谢。

本书中仍然存在不少错误与不足之处，恳请专家、读者批评指正。

郭德宏

2023 年 10 月 8 日

MOL ZAAUX RAANZ

朝然经